Aprende polaco en 1 mes

30 diálogos estratégicos para hablar polaco

Amamos Idiomas

Aprende polaco en 1 mes

30 diálogos estratégicos para hablar polaco

© 2022, Ewelina Mierzejewska

© 2022, Amamos Idiomas

Queda rigurosamente prohibida, sin autorización escrita de los titulares del copyright, bajo las sanciones establecidas por las leyes, la reproducción total o parcial de esta obra por cualquier medio o procedimiento, comprendidos la reprografía, el tratamiento informático, así como la distribución de ejemplares de la misma mediante alquiler o préstamo públicos.

Redacción: Ewelina Mierzejewska

Diseño: Maria Pía Sanabria

Corrección: Julieta Lavena

+ Freepik (todos los links se encuentran en la parte de RESPUESTAS)

Diciembre 2020

Índice

Introducción	7
Módulo 1	11
LEKCJA 1: Nos presentamos	12
BONUS: Pronunciación	21
LEKCJA 2: Mis primeras compras, tiendas del aeropuerto	26
LEKCJA 3: Comprando el ticket de autobús, metro o tramway	31
Módulo 2	43
LEKCJA 5: ¿Cuáles edificios están en la ciudad y dónde?	44
LEKCJA 6: ¿Cuáles son las formas de pago?	50
LEKCJA 7: Haciendo amigos y conversando acerca de mis actividades favoritas	54
LEKCJA 8: Preguntando detalles al comprar en una tienda	61
Módulo 3	67
LEKCJA 9: Inscribirse en clases de aerobic	68
LEKCJA 10: Horarios y días de la semana	72
LEKCJA 11: Inscribirse en algún deporte	77
LEKCJA 12: Obtener número de teléfono en Polonia	82
LEKCJA 13: Cambio dinero en la casa de cambio	87
LEKCJA 14: ¿Cómo pedir información en el banco?	90
Módulo 4	95
LEKCJA 15: Equiparse para esquiar	96

LEKCJA 16: Realizo una reservación en un hotel 101

LEKCJA 17: Llamo por teléfono 105

LEKCJA 18: ¿Qué te gusta hacer? 111

Módulo 5 119

LEKCJA 19: Describo mi familia 120

LEKCJA 20: Casos y su uso 125

LEKCJA 21: ¿Cómo describir el clima? 136

LEKCJA 22: Viajo en Polonia 140

Módulo 6 147

LEKCJA 23: Acciones cotidianas 148

LEKCJA 24: Comprando ropa 153

LEKCJA 25: Muebles en mi casa 158

LEKCJA 26: Alquilo un departamento 163

Módulo 7 169

Lekcja 27: En la farmacia 170

Lekcja 28: Con el doctor 175

Lekcja 29: En el restaurante 183

Lekcja 30: Solicitando un test de COVID-19 antes del viaje 189

¿Cómo aprender idioma polaco? 196

Acerca del autor 199

Introducción

Cuando por primera vez fui a vivir al extranjero pensé que podría comunicarme sin problemas. Conocía muy bien la gramática avanzada, todas las listas de vocabulario y escuchaba la televisión prendida todo el tiempo en este otro idioma. Cuando salí de la terminal me di cuenta de que la gente en la calle tiene sus costumbres y habla de forma diferente. Aunque pude entender muchas palabras y comprendía a los vendedores en las tiendas, panaderías, oficinas de turismo, etc. tuve que prestar mucha atención. Pude decir muchas cosas pero no de la misma forma que ellos. O quizás no me entendían aunque mis frases eran correctas gramaticalmente. Me di cuenta muy rápido que es primordial hablar como ellos para resolver mis asuntos de manera más fluida o para no vivir momentos incómodos. A veces unos detalles sutiles ayudan a tener una comunicación efectiva. Ese día me dije que sería genial poder transcribir todos los diálogos que escuche en el extranjero. ¡Podría ser de gran ayuda para futuros inmigrantes polacos y viajeros! Esta idea no me permitió dormir durante mis años de estudios en enseñanza de idiomas extranjeros.

Luego de terminada mi maestría emigré a Ecuador para poder ejercer mi profesión de profesora de idiomas extranjeros en una Universidad Andina. Allí observé que mis estudiantes que estudiaban mucho, tenían excelentes conocimientos de vocabulario, entendían muy bien los artículos de prensa o textos literarios pero la conversación real era su última competencia. Tratamos siempre de trabajar sobre los diálogos cotidianos para enriquecer los libros oficiales de la Universidad. Por otro lado, con mis compañeros de trabajo creamos una serie de videos disponibles en Youtube donde por ejemplo compramos comida en el mercado local en Ambato, alquilamos un departamento, ordenamos en el restaurante y !hasta fuimos al doctor! Todo hablado como si estuviéramos en nuestro país pero dentro del contexto que viven nuestros estudiantes día a día. Conseguimos un puesto en el mercado, una tienda con recuerdos y un consultorio médico en esta ciudad ecuatoriana para grabar estos videos. Los ajustamos un poco para que lo puedan entender los principiantes. Es decir conseguir un idioma fácil pero verdadero como hablan los nativos.

El idioma polaco tiene la fama de ser uno de los idiomas más difíciles. Algunas fuentes indican que está en el podio. Sin embargo, siendo Polaca de nacimiento y políglota puedo asegurar que todo es posible! Lo primordial es avanzar paso a paso y tener una buena rutina: leer todos los días, aprender nuevo vocabulario, repetir e imaginar conversaciones de la vida cotidiana. Por eso este libro está dedicado a todas las personas que quieren aprender a expresarse en situaciones cotidianas: por ejemplo, en la tienda, llamando por teléfono o haciendo primeras amistades. En cada diálogo como en la vida buscamos resolver un problema: comprar una cosa adecuada o reservar el servicio que necesitamos. ¡Es importante que te aprendas a comunicar y que tu experiencia en Polonia sea de lo más agradable! Comunicarse con la gente te permite siempre mejorar tu estadía en un país extranjero. Pero, ¿cómo organizar tus conocimientos para sentir que todo fluye?

La clave es una buena preparación del contenido didáctico. El orden de los diálogos no es casual. El aprendizaje es gradual y cada diálogo es una repetición de los anteriores al nivel de las estructuras. El nuevo vocabulario se presenta en una sopa de letras. Es una actividad que permite, a mucha gente, meditar y repetir de manera inconsciente las palabras que estamos buscando. Después te invito también a la plataforma de Amamos Idiomas donde encontrarás estas palabras en audios con sus respectivas traducciones. También varios videos están hechos para que puedas sacar mayor provecho del contenido de este libro: introducción al alfabeto, la pronunciación polaca y primeras preguntas. Finalmente, el objetivo de este libro es que puedas hablar sin timidez y te sientas cómodo comunicándote en idioma polaco.

Descarga audios y respuestas para este libro antes de comenzar:

Módulo 1

Los diálogos de este módulo serán los primeros en tu vida cotidiana en idioma polaco. Es primordial poder presentarse y responder a sus primeras necesidades, hacer compras después de salir del aeropuerto o saber explicar su receta favorita.

Este módulo contiene audios para sus diálogos respectivos, los cuales puedes descargar de aquí: https://bit.ly/respuestas-polaco

Además, está disponible en forma de curso online en la siguiente página:https://amamosidiomas.com/producto/curso-de-polaco-nivel-1-premium/

Los videos explicativos, audios de palabras y expresiones con sus traducciones están disponibles para los alumnos. Por otro lado, los ejercicios virtuales ayudan a reforzar todos los conocimientos.

LEKCJA 1: Nos presentamos

Sopa de letras: conozca nuevo vocabulario.

Kim jesteś?

G	U	P	P	B	N	H	I	V	T	W	Y	V	K
X	E	Q	R	K	C	L	B	N	Q	M	G	G	U
P	U	G	A	B	U	A	D	N	U	M	E	R	U
Q	U	N	C	Z	R	T	E	L	E	F	O	N	U
Q	H	D	U	F	B	N	A	Z	W	I	S	K	O
D	B	A	J	H	L	T	J	E	S	T	E	M	N
J	I	C	Ę	G	U	Z	T	G	I	T	Z	N	A
O	C	Z	N	M	I	E	S	Z	K	A	M	F	Z
J	N	E	Q	R	I	M	A	M	O	B	P	Y	Y
E	Q	Ś	O	Z	N	J	A	Ó	A	D	F	L	W
P	D	Ć	M	A	C	A	X	J	E	V	F	F	A
Z	A	W	Ó	D	U	K	D	M	I	M	I	Ę	M
D	J	E	S	T	Q	I	J	Y	G	D	Z	I	E
I	V	N	D	M	G	P	B	M	M	N	R	N	Y

cześć   gdzie
imię   jaki
jest   jestem
lat   mam
mieszkam   mój
nazwisko   nazywam
numer   pracuję
telefonu   zawód

Diálogo

- Dzień dobry!
- Cześć!
- Jak się nazywasz?
- Nazywam się Karolina. A Ty?
- Nazywam się Karol.
- Ile masz lat?
- Mam dwadzieścia (20) lat. A Ty?
- Mam trzydzieści (30) lat.
- Gdzie pracujesz?
- Pracuję na Uniwersytecie w Buenos Aires.
- Ja też! Gdzie mieszkasz?
- Mój adres to ulica Corrientes w Buenos Aires. Jaki jest Twój adres?
- Mieszkam w centrum w Buenos Aires.
- Skąd jesteś?
- Jestem z Peru. Moi rodzice byli Polakami.
- Miło mi Ciebie poznać! Cześć!
- Pa!

Palabras

Dzień dobry! — Buenos días

Cześć! — Hola

A Ty? — ¿Y tú?

Ja też. — Yo también.

Mój numer mail to … — Mi mail es …

Mój numer telefonu to … — Mi número de teléfono es …

Mój zawód to … — Mi profesión es …

Mój adres to…. — Mi dirección es …

Ulica — Calle

Miło mi Ciebie poznać! — Mucho gusto.

Mieszkam w La Paz. — Vivo en La Paz.

Jestem z Buenos Aires w Argentynie. — Soy de Buenos Aires en Argentina.

Jestem z Limy w Peru. — Soy de Lima en Perú.

Jestem z Santiago de Chile w Chile. — Soy de Santiago de Chile en Chile.

Moi rodzice byli Polakami. — Mis padres eran polacos.

Moi dziadkowie byli Polakami. — Mis abuelos eran polacos.

Moi pradziadkowie byli Polakami. — Mis bisabuelos eran polacos.

Pracuję na Uniwersytecie.	Trabajo en la Universidad.
Pracuję w restauracji.	Trabajo en el restaurante.
Ile masz lat?	Cuántos años tienes
Skąd jesteś ?	¿De dónde eres?
Gdzie pracujesz ?	¿Dónde trabajas?
Gdzie mieszkasz ?	¿Dónde vives?
Gdzie studiujesz?	¿Dónde estudias?
Jak się nazywasz?	¿Cómo te llamas?
Jaki jest twój adres zamieszkania?	¿Cuál es tu dirección?
Jaki jest twój zawód?	¿Cuál es tu profesión?
Jaki jest twój mail?	¿Cuál es tu mail?
Jaki jest twój numer telefonu?	¿Cuál es tu número de teléfono?
Lubię czytać.	Me gusta leer.
Lubię podróżować.	Me gusta viajar.
Lubię rozmawiać.	Me gusta hablar.
Co lubisz?	¿Qué te gusta?
Mam dwadzieścia lat.	Tengo 20 años.
Mam trzydzieści lat.	Tengo 30 años.
Mam czterdzieści lat.	Tengo 40 años.
Mam pięćdziesiąt lat.	Tengo 50 años.
Mam sześćdziesiąt lat.	Tengo 60 años.

Ejercicios

1. Introducción. Te aconsejo empezar por aquí.

La primera clase tiene el objetivo de saber formular las preguntas básicas y las estructuras de preguntas con el pronombre interrogativo cuál. Esta clase muestra cómo entender la pregunta gracias a la palabra clave y saber responder en esta clase, vas a poder presentarte de manera oficial como por ejemplo para oficinas donde llegues a llenar formularios o en una conversación informal, por eso te invito a inscribirse a un curso gratis qué envío por mail durante una semana las mini clases de 20 minutos tienen objetivo de introducir al idioma polaco y enseñar la presentación básica.

https://www.subscribepage.com/polacobasico

Como conectar las preguntas del video con las respuestas en este ejercicio:

Jak się nazywasz?	Jestem z Polski.
Jaki jest twój adres zamieszkania?	Mam czterdzieści lat.
Gdzie pracujesz?	Mój zawód to sprzedawca.
Skąd jesteś?	Mieszkam w Bariloche.

Jaki jest twój numer telefonu?   Studiuję na uniwersytecie.

Co lubisz?   Pracuję w szpitalu.

Gdzie mieszkasz?   Nazywam się Katarzyna.

Ile masz lat?   Mój adres to ulica Bustillo 4327.

Gdzie studiujesz?   Lubię chodzić po górach.

Jaki jest twój zawód?   Mój numer telefonu to +7656790.

2. ¿Cuáles serían tus respuestas? Llena las frases con las palabras adecuadas.

Cześć/ Dzień dobry. Nazywam się .... / Mam na imię ....

Mam .... lat.

Pracuję .... na Uniwersytecie / w warsztacie samochodowym.

Jestem z Argentyny/..................... / Jestem z .... w Argentynie.

Mieszkam w Bariloche.

Mój adres to ....

Mój numer telefonu to ....

Mój mail /e-mail to ....

Moi rodzice/dziadkowie/pradziadkowie byli Polakami.

Lubię podróżować/czytać/rozmawiać.

3. *Encuentra los números en idioma polaco.*

Liczby od 1 do 10

D	D	L	B	B	N	G	O	O	O	Z	Z	X	H
Z	W	V	U	G	J	N	E	P	T	R	Z	Y	K
I	A	H	I	T	Q	F	F	M	K	O	L	F	A
E	G	T	B	W	K	J	A	N	X	S	X	O	P
S	Q	K	W	Z	Z	E	H	C	M	B	L	O	I
I	L	H	U	S	V	D	Q	O	S	I	E	M	Ę
Ę	C	J	G	I	L	E	G	D	H	N	B	K	Ć
Ć	V	X	K	Z	J	N	F	D	Q	H	B	L	S
C	Q	G	D	Z	I	E	W	I	Ę	Ć	L	E	Z
Z	V	J	S	I	E	D	E	M	Y	W	F	C	E
T	V	K	Z	E	R	O	T	S	D	M	E	U	Ś
E	C	L	G	B	S	E	E	M	J	S	B	T	Ć
R	X	G	H	O	V	P	X	H	S	L	A	Z	I
Y	F	P	T	X	G	N	O	O	W	E	E	R	B

cztery   dwa
dziesięć   dziewięć
jeden   osiem
pięć   siedem
sześć   trzy
zero

Liczby od 10 do 100

Q	W	U	C	G	C	D	O	B	T	S	C	B	H	G
L	U	S	O	A	C	Z	M	W	B	I	Z	L	L	F
H	Q	Z	S	T	Z	I	P	C	H	E	T	F	J	S
Q	D	E	I	R	T	E	I	V	Y	D	E	Y	O	I
S	W	Ś	E	Z	E	W	Ę	T	J	E	R	T	S	E
Z	A	Ć	M	Y	R	I	Ć	R	E	M	D	I	I	D
E	D	D	D	D	N	Ę	D	Z	D	D	Z	D	E	E
S	Z	Z	Z	Z	A	T	Z	Y	E	Z	I	W	M	M
N	I	I	I	I	Ś	N	I	N	N	I	E	A	N	N
A	E	E	E	E	C	A	E	A	A	E	Ś	N	A	A
Ś	Ś	S	S	Ś	I	Ś	S	Ś	Ś	S	C	A	Ś	Ś
C	C	I	I	C	E	C	I	C	C	I	I	Ś	C	C
I	I	Ą	Ą	I	R	I	Ą	I	I	Ą	H	C	I	I
E	A	T	T	E	A	E	T	E	E	T	O	I	E	E
E	P	I	Ę	T	N	A	Ś	C	I	E	W	E	E	G

czterdzieści   czternaście
dwadzieścia   dwanaście
dziewiętnaście   jedenaście
osiemdziesiąt   osiemnaście
piętnaście   pięćdziesiąt
siedemdziesiąt   siedemnaście
szesnaście   sześćdziesiąt
trzydzieści   trzynaście

¿Cómo aprender rápidamente a contar en idioma polaco? Es muy fácil gracias a las asociaciones cognitivas como en nuestro diálogo dónde te enseño a contar de 1 a 10:

https://amamosidiomas.com/cursos/idioma-polaco-1/leccion/numeros-1-10/

Para aprender a contar del 10 a 1000 te invito a otros videos donde explico cómo acelerar la memorización en la pizarra digital:

https://bit.ly/libro-clase3

4. *¿Cuál número es el intruso? Deja las oraciones con el orden correcto de los números.*

   A. jeden, dwa, dziewięć, cztery, pięć

   B. sześć, siedem, osiem, jedenaście, dziesięć

   C. jedenaście, trzy, trzynaście, czternaście, piętnaście

   D. dziewięć, siedemnaście, osiemnaście, dziewiętnaście

   E. dwadzieścia, trzydzieści, czterdzieści, osiemdziesiąt

   F. sześćdziesiąt, siedemdziesiąt, pięćdziesiąt, dziewięćdziesiąt

BONUS: Pronunciación

Después de la primera clase tendrás que conectar y conocer las reglas de la pronunciación correcta, hay algunos sonidos que son diferentes en idioma español y polaco también existen los diptongos que tienes que conocer al principio de aprendizaje para conocer a la teoría con algunos ejemplos de individuos en los videos que explican la pronunciación.

http://amamosidiomas.com/pronunciacion-letras-diptongos-polaco/

http://amamosidiomas.com/diptongos-en-polaco-2/

LEKCJA 2: Mis primeras compras, tiendas del aeropuerto

Sopa de letras: conozca nuevo vocabulario.

```
J  E  D  N  O  R  A  Z  O  W  Y  Q  T  W
P  U  H  I  U  J  E  S  Z  C  Z  E  T  S
N  P  W  S  Z  Y  S  T  K  O  H  Q  J  Q
O  Ł  A  I  O  R  A  Z  E  M  G  A  V  J
C  A  B  I  L  E  T  I  M  E  E  T  C  C
Z  C  B  P  N  X  P  O  L  E  C  I  Ć  P
Y  Ę  C  D  Z  I  Ę  K  U  J  Ę  W  Z  A
W  P  Z  Y  O  P  M  L  P  U  X  I  M  N
I  G  Ł  D  N  R  M  Y  B  A  R  D  Z  O
Ś  Y  O  I  K  O  S  Z  T  U  J  E  D  P
C  Y  T  V  V  S  O  S  J  N  M  T  F  C
I  J  Y  G  A  Z  E  T  A  R  P  D  E  F
E  C  D  T  I  Ę  C  F  R  B  D  E  M  G
P  M  D  O     W  I  D  Z  E  N  I  A  P
```

Aprende nuevo vocabulario con Amamos Idiomas:

Pan	bardzo
bilet	do widzenia
dziękuję	gazeta
jednorazowy	jeszcze
kosztuje	oczywiście
polecić	proszę
płacę	razem
wszystko	złoty

Diálogo

- Dzień dobry! Poproszę gazetę.
- Dzień dobry. Jaką gazetę?
- Gazetę o polityce. Co może mi Pani polecić?
- Mam Gazetę Wyborczą i Rzeczpospolitą.
- Poproszę Rzeczpospolitą.
- Czy coś jeszcze?
- Tak. Czy ma Pani bilet jednorazowy?
- Oczywiście. 2-minutowy czy 40-minutowy?
- 40-minutowy. Dwa bilety.
- Proszę bardzo.
- Poproszę jeszcze papierosy i zapalniczkę.
- Papierosy Malboro czy LM?
- LM niebieski poproszę.
- Czy to wszystko?
- Tak, ile płacę?
- Gazeta kosztuje 4 zł., bilet 6 zł., papierosy 16 zł., zapalniczka 2 zł. Razem 28 zł.
- Proszę.
- Dziękuję.
- Dziękuję. Do widzenia.
- Do widzenia.

Palabras

Dzień dobry	Buen día
Czy?	palabra usada para formar preguntas con la respuesta SI-NO
Jaki?	Cuál (masculino)
Jaka?	Cuál (femenino)
Jaką?	Cuál (femenino Instrumental)
Co?	Qué
Ile?	Cuánto

BUENOS MODALES:

Nie	No
Tak	Sí
Proszę	Aquí está, por favor
Poproszę	Por favor
Dziękuję.	Gracias
Do widzenia	Hasta luego

PALABRAS BÁSICAS:

bardzo	muy, mucho
i	y
to	Eso
coś	algo
jeszcze	además, más
mi	mí

Pani	Señora
Pan	Señor

VOCABULARIO DEL KIOSCO:

gazetę	revista
polityce	política
może	puede ser
polecić	aconsejar
mam	tengo
bilet	ticket
bilety	tickets
jednorazowy	de 1 uso
20 (dwudziesto) minutowy	de 20 minutos
40 (czterdziesto) minutowy	de 40 minutos
razem	juntos
oczywiście	por supuesto
papierosy	cigarrillos
zapalniczkę	fosforera
złoty	moneda oficial de Polonia (oro)
wszystko	todo
płacę	pago
kosztuje	cuesta

Ejercicios

1. *¿Qué puedes comprar en el kiosco? Encuentra 7 posibles respuestas.*

statek   zapalniczka   telefon   papierosy   samochód

gazeta   autobus   pociąg   bilet   woda

2. *Termina las oraciones del diálogo. ¿Cómo pides algo en el kiosco/tienda?*

Co może mi Pani ....?

Poproszę ....

Czy ma Pani   ....?

3. *Llena el dialogo con las palabras: kosztuje / wodę / wszystko / dobry / czy / coś.*

- Dzień ....! Poproszę ....

- Proszę. Czy .... jeszcze?

- Tak. .... ma Pani bilet jednorazowy?

- Nie. Czy to ....?

- Tak. Ile to ....?

- 10 złotych.

LEKCJA 3: Comprando el ticket de autobús, metro o tramway

Sopa de letras: conozca nuevo vocabulario.

Kupuję bilet

D	W	O	R	Z	E	C	H	Q	C	U	T	F	A
I	J	X	K	U	P	I	Ć	W	J	Z	H	I	E
C	H	C	I	A	Ł	B	Y	M	H	H	G	N	R
S	M	E	C	H	C	I	A	Ł	A	B	Y	M	O
Z	L	C	M	R	V	K	O	S	Z	T	U	J	Ą
T	S	P	O	T	R	Z	E	B	U	J	E	S	Z
N	O	R	M	A	L	N	Y	O	Z	V	J	C	N
G	X	J	U	J	J	U	R	N	D	D	E	Y	Z
B	E	A	I	V	G	L	V	I	Z	Z	D	D	N
L	K	D	K	K	R	G	N	N	I	H	Z	A	I
I	O	Ę	Y	P	O	O	H	W	S	G	I	L	Ż
S	R	M	Q	R	S	W	M	I	I	P	E	E	K
K	X	D	L	V	Z	Y	W	E	A	X	S	K	A
O	X	Z	J	Y	Y	G	I	M	J	V	Z	O	E

blisko chciałabym
chciałbym daleko
dworzec dzisiaj
groszy jadę
jedziesz kosztują
kupić normalny
potrzebujesz ulgowy
wiem zniżka

Diálogo

- Dzień dobry! Chciałabym kupić bilet jednorazowy.
- Dzień dobry! Bilet jednorazowy 20 czy 40 minutowy.
- Nie wiem. Jadę na południe miasta.
- Jedziesz bardzo daleko. Potrzebujesz bilet 1 godzinny. Czy jedziesz z centrum do dworca wschodniego?
- Tak! Jadę na dworzec kupić bilet z Warszawy do Krakowa.
- OK, jedziesz na dworzec. Ile biletów potrzebujesz? W tę i z powrotem?
- W tę i z powrotem. Dzisiaj i jutro.
- Potrzebujesz 4 bilety. Bilet normalny czy ze zniżką? Jesteś emerytką
- Tak, jestem emerytką. Poproszę 4 bilety ze zniżką.
- Proszę, 4 bilety 1 godzinne kosztują 35 złotych.
- Mam 40 złotych. Proszę.
- 5 złotych dla Pani. Dziękuję bardzo.
- Dziękuję. Do widzenia!
- Do zobaczenia.

Palabras

chciałabym / chciałbym	quisiera
czy	???
ile	cuánto
kupić	comprar
kosztują	cuestan
1 (jedno) godzinny	de 1 hora (duración)
20 minutowy	de 20 minutos (duración)
40 minutowy	de 40 minutos (duración)
bilet jednorazowy	ticket de 1 uso
normalny	normal
ze zniżką	con descuento
emerytką	jubilada
nie wiem	no sé
potrzebujesz	necesitas
potrzebuję	necesito
jedziesz	vas (en el transporte, no a pie)
jadę	voy (en el transporte, no a pie)
poludnie	sur
dworzec / dworca	estación
złotych	moneda de Polonia (oro)

groszy	centavos de Polonia
dla	para
bardzo	mucho, muy

Ejercicios

1. *¿Cómo entendiste el diálogo? ¿Verdadero o falso?*

Emerytka potrzebuje 1 bilet jednorazowy.	TAK	NIE
Emerytka jedzie na wschód miasta.	TAK	NIE
Emerytka chciałaby kupić bilet z Krakowa do Warszawy na dworcu.	TAK	NIE
Emerytka nie ma 40 złotych.	TAK	NIE
Emerytka potrzebuje bilety ze zniżką.	TAK	NIE

2. *¿Cuál frase está bien dicha? Borra la respuesta incorrecta.*

Jestem *ze zniżką / emerytką*.

Jadę *40 złotych / na południe miasta / bardzo daleko*.

Potrzebuję *bilet jednorazowy / dziękuję / bilet w tę i z powrotem*.

Mam *6 złotych / do widzenia / bilet ze zniżką / do widzenia*.

3. Encuentra las palabras de la misma familia y conéctalas.

dzisiaj   wschód

dzień dobry   bilet ze zniżką

południe   jutro

bilet normalny   do widzenia!

Sopa de letras: conozca nuevo vocabulario.

Jedzenie

L	E	X	W	Y	M	I	E	S	Z	A	Ć	V	N
S	Ó	L	C	J	M	I	Ę	S	O	Q	Q	M	M
L	Z	I	E	M	N	I	A	K	I	E	J	Ą	G
C	Q	M	B	K	F	F	V	K	U	D	D	K	Z
Y	B	G	U	W	P	V	Z	J	G	O	O	A	K
P	S	I	L	H	P	R	M	A	O	O	D	E	O
X	U	R	A	S	O	D	B	J	T	P	A	L	P
S	P	O	D	C	Ł	S	W	K	O	I	Ć	Y	Y
N	I	Z	S	V	O	G	V	A	W	E	N	S	T
I	E	G	G	G	Ż	P	O	N	A	P	R	R	K
W	C	R	V	O	Y	D	J	B	Ĉ	R	Q	S	A
D	K	Z	I	Z	Ć	N	M	L	Q	Z	F	S	S
G	B	A	C	P	O	M	I	D	O	R	O	W	Y
F	F	Ć	V	O	I	N	E	I	S	O	S	Y	Y

Aprende nuevo vocabulario con Amamos Idiomas:

cebula	dodać
jajka	kopytka
mięso	mąka
pieprz	pomidorowy
położyć	rozgrzać
sos	sól
ugotować	upiec
wymieszać	ziemniaki

Diálogo 1

Jak się robi kopytka?

Proszę obrać ziemniaki i ugotować w wodzie z solą. Następnie proszę poczekać i zgnieść ziemniaki.

Proszę wymieszać ziemniaki z mąką i jajkiem. Następnie proszę pokroić masę i włożyć wszystko do wody.

Kopytka gotują się w 10 minut.

Ejercicios

1. Cuáles son los ingredientes de "kopytki"?

Składniki:

- ugotowane z.......................... (500 g)
- mąka (ok. 1 szklanki)
- 1 j......................
- szczypta soli

Diálogo 2

Jak się robi gołąbki klasyczne z ryżem i mięsem?

Pierwszy etap to:

Proszę pokroić cebulę i rozgrzać tłuszcz. Proszę wszystko wymieszać i dodać mięso mielone. Proszę poczekać 10 minut i zgasić ogień.

Drugi etap to:

Proszę ugotować litr wywaru i włożyć kapustę do wody. Następnie proszę ugotować sos pomidorowy.

Włożyć mięso w liście kapusty i upiec wszystko w sosie pomidorowym.

Ejercicios

1. ¿Cuáles son los ingredientes de "gołąbki klasyczne"?

- mięso mielone (250 g)
- 1 ....
- ryż (250 g)
- 1 jajko
- 1 litr wywaru (może być z kostki
- 1 mała ....
- tłuszcz (90 g): masło, smalec
- sól, ...
- ew. 30 g masła i 30 g mąki do zasmażki

Diálogo 3

Mira nuestro video con las estructuras: proszę + infinitivo + nombre:

https://bit.ly/libro-clase4

Składniki:

- mąka (300 g)

- tłuszcz (300 g)

- 4 jajka

- cukier (300 g)

Masa jabłkowa:

- jabłka (1 kg)

- cukier (350 g)

- 4 łyżki stołowe masła

- cynamon

Ejercicios

1. Conozca los aspectos de los verbos. Subraya los verbos que tienen la misma raíz, por ejemplo: kroić, pokroić, przekroić, odkroić.

mieszać	pokroić	wymieszać	rozgrzać	zamieszać		zgasić
ogrzać	ugasić	odgrzać	poczekać	rozgrzać		wymieszać
gotować:	upiec	położyć	zagotować	zamieszać		ugotować
włożyć	ułożyć	wymieszać	przełożyć	odgrzać		położyć
czekać	zaczekać	poczekać	zgasić	upiec		odczekać
gasić	zgasić	ugasić	przełożyć	zamieszać		położyć

Verbos usados en los diálogos con traducción:

wymieszać	mezclar
rozgrzać	calentar
dodać	adicionar
ugotować	cocinar
włożyć	poner
upiec	terminar de cocinar
piec	cocinar en el horno
pokroić	cortar

poczekać   esperar

zgasić ogień   apagar

2. Conecta los colores con los ingredientes de kopytka, ciasto i gołąbki.

Cebula

Sos pomidorowy   kolor żółty

Mięso   kolor zielony

Tłuszcz   kolor czerwony

Kapusta

3. Encuentra el orden correcto de las frases.

A) zgasić – proszę – ogień

B) sos – proszę - pomidorowy – wymieszać

C) proszę – tłuszcz – i - pokroić – rozgrzać – rozgrzać

D) pięć – zgasić - proszę – minut - poczekać - i - ogień

Palabras

kopytka	gnocchi
sernik domowy	cheesecake
gołąbki	niños envueltos
gram	gramo
kilogram	kilo
litr	litro
szczypta	pizca
łyżka, łyżki	cuchara, cucharas
mąka	harina
jajko	huevo
żółtko	yema
białko	clara
sól, soli	sal (nominativo), sal (genitivo)
pieprz	pimienta
ziemniaki	papas
puder	polvo
cukier	azúcar
ser	queso
masło	mantequilla
wywar z kostki	caldo en cubo
ryż	arroz
mięso mielone	carne molida
kapusta	repollo
aromat waniliowy	aroma de vainilla
proszek do pieczenia	bicarbonato

Módulo 2

Los diálogos de este módulo te preparan para poder orientarte en la ciudad que vas a visitar durante tu viaje. En el mismo es suma importancia poder comunicarse para efectuar pagos cuando realizas compras en tiendas o comercios. Al final del módulo se presentan un diálogo en el cual se repiten los conceptos de los módulos 1 y 2, los cuales refuerzan el vocabulario aprendido.

Este módulo contiene audios para sus diálogos respectivos, los cuales puedes descargar de aquí: https://bit.ly/respuestas-polaco

Además, está disponible en forma de curso online en la siguiente página: https://bit.ly/polaco2

El curso contiene explicaciones en forma de video y texto, audios de palabras grabadas por separado para mejorar la pronunciación y ejercicios interactivos.

Si la metodología de este libro te parece amigable y quisieras reforzar tus conocimientos de forma ilimitada en cada nivel, la suscripción mensual puede ser de gran ayuda para tu proceso de aprendizaje. Los miembros tienen acceso a todos los cursos autodidactas complementarios a cada capítulo de este libro en forma de membresía: https://amamosidiomas.com/membresia/

LEKCJA 5: ¿Cuáles edificios están en la ciudad y dónde?

Sopa de letras: conozca nuevo vocabulario.

Nie gubię się w mieście

E	R	E	S	T	A	U	R	A	C	J	A	A	A
U	H	Z	N	A	J	D	U	J	Ę		S	I	Ę
O	S	K	R	Ę	C	I	Ć	S	K	L	E	P	Q
S	K	W	B	I	B	L	I	O	T	E	K	A	Y
N	S	K	R	Z	Y	Ż	O	W	A	N	I	E	F
L	U	P	R	Z	E	P	R	A	S	Z	A	M	J
K	J	I	D	D	G	K	I	N	O	Z	P	R	R
N	Z	D	I	K	K	A	W	I	A	R	N	I	A
P	R	O	S	T	O	B	J	P	O	C	Z	T	A
E	S	Z	P	I	T	A	L	V	N	S	T	U	H
F	A	O	T	S	G	P	R	A	W	E	J	U	K
L	E	W	E	J	K	G	I	W	C	S	Z	J	F
L	P	R	Z	Y	S	T	A	N	E	K	N	F	U
N	G	Y	D	X	Y	S	B	A	N	K	B	N	X

bank   biblioteka
kawiarnia   kino
lewej   poczta
prawej   prosto
przepraszam   przystanek
restauracja   sklep
skrzyżowanie   skręcić
szpital   znajduję się

DIÁLOGO 1

• Przepraszam, gdzie jest bank, plac, szpital, centrum handlowe i restauracja?
• Bank jest po lewej stronie. Plac jest na wprost. Szpital jest w centrum. Centrum handlowe jest po prawej stronie. Restauracja znajduje się naprzeciwko jeziora.
• Gdzie znajduje się poczta?
• Tutaj znajduje się Poczta.
• Ohh, a kino?
• Tam znajduje się kino.

Palabras

bank	banco
plac	plaza
szpital	hospital
centrum handlowe	centro comercial
restauracja	restaurante
kawiarnia	café
poczta	correo
kino	cinema
biblioteka	biblioteca
hotel	hotel

przystanek	parada del bus, tramway
sklep	tienda
Urząd Miasta	Municipio
jezioro	lago
skrzyżowanie	cruce

Ejercicios

1. ¿Cuál respuesta es correcta?

- Przepraszam, gdzie znajduje się duży sklep?

A) Centrum handlowe jest na prawo.

B) Przystanek jest na lewo.

- Przepraszam, gdzie jest kawiarnia?

A) Kawiarnia jest w hotelu.

B) Kawiarnia jest na przystanku.

- Przepraszam, czy biblioteka jest na wprost Uniwersytetu?

A) Tak, biblioteka jest na lewo od Uniwersytetu.

B) Tak, biblioteka jest prawo na od Uniwersytetu.

2. Encuentra en la lista los edificios en polaco.

poczta - cebula - kino - zielony - prawo - plac - szkoła - lewo - szpital - centrum handlowe - bilet - restauracja - woda - poczta - złoty - bank - południe - przystanek - dziękuję - urząd miasta - biblioteka - kosztować - kawiarnia - hotel - bardzo - sklep

DIÁLOGO 2

• Proszę iść prosto aż do skrzyżowania. Proszę skręcić w lewo i iść prosto 300 metrów. Na wprost znajduje się plac. Proszę iść prosto i skręcić w prawo.

• Proszę skręcić w prawo i iść prosto aż do szpitala. Następnie proszę skręcić w lewo i iść prosto aż do jeziora. Tam znajduje się restauracja.

• Tutaj znajduje się główna ulica w mieście. Proszę iść prosto przez centrum. Następnie trzeba skręcić w lewo i iść aż do centrum handlowego. Następnie skręcić w lewo i iść aż do banku.

Palabras

przepraszam	perdón
gdzie	dónde
jest	es
znajduje się	se encuentra
na wprost	enfrente
naprzeciwko	enfrente
po lewej stronie	de lado izquierdo

trzeba	hay que
iść prosto	ir derecho
skręcić w prawo	girar a la derecha
skręcić w lewo	girar a la izquierda
aż do	hasta
metrów	metros
główna ulica	calle principal
centrum	centro
w	en
mieście	ciudad
przez	por
następnie	enseguida
skrzyżowania	cruce
szpitala	hospital
jeziora	lago
centrum handlowego	centro comercial
banku	(en) banco

Ejercicios

1. ¿Qué palabra eliges para decir una frase correcta?

- Proszę skręcić w prawo i iść .... aż do szpitala.

A) w prawo

B) prosto

C) na lewo

- Proszę .... prosto aż do skrzyżowania.

A) znajduje się

B) skręcić

C) iść

- Następnie trzeba skręcić w lewo i iść .... centrum handlowego.

A) sklepu

B) aż do

C) na wprost

- Na wprost .... się plac.

A) na lewo

B) skręcić

C) znajduje

LEKCJA 6: ¿Cuáles son las formas de pago?

Sopa de letras: conozca nuevo vocabulario.

Płacę

O	Q	S	Z	C	Z	O	T	E	C	Z	K	A	T
E	S	P	R	A	W	D	Z	A	M	P	S	V	Y
K	U	U	T	G	K	Q	W	T	Z	Y	C	Z	N
A	B	O	C	H	W	I	L	E	C	Z	K	Ę	M
R	W	Y	V	M	I	Ł	E	G	O	O	C	R	H
T	O	S	P	M	D	R	O	B	N	E	E	E	J
A	N	A	W	Z	A	J	E	M	U	L	N	S	H
V	S	G	B	G	C	P	A	S	T	A	A	Z	U
H	Q	O	O	Q	V	V	U	Y	B	B	W	T	G
X	E	T	E	P	C	Z	Ę	B	Ó	W	K	A	U
C	W	Ó	P	A	R	A	G	O	N	N	D	D	M
N	R	W	H	K	T	K	Z	S	Ż	U	C	I	A
S	F	K	N	J	N	Y	M	H	I	H	K	P	O
E	L	A	U	X	D	N	I	A	S	H	A	O	M

cena   chwileczkę
dnia   drobne
gotówka   guma
karta   miłego
nawzajem   paragon
pasta   reszta
sprawdzam   szczoteczka
zębów   żucia

Diálogo

- Dzień dobry!
- Dzień dobry. Poproszę gumę do żucia.
- Proszę.
- Dziękuję. Czy ma Pani pastę do zębów i szczoteczkę do zębów?
- Tak. Mam taki zestaw turystyczny.
- Ile płacę?
- Guma do żucia i zestaw kosztuje 20 złotych.
- Jaka jest cena gumy do żucia?
- 4 złote. Czy płaci Pani gotówką czy kartą?
- Gotówką. Proszę 50 złotych.
- Czy potrzebuje Pani fakturę czy paragon?
- Tylko paragon.
- Czy ma Pani drobne?
- Nie mam reszty.
- Chwileczkę. Zaraz sprawdzę.
- Tak, mam.
- Dziękuję. Życzę miłego dnia. Do widzenia.
- Nawzajem. Do widzenia.

Palabras

chwileczkę	momentito
zaraz sprawdzę	ya averiguo
miłego dnia	buen día
nawzajem	igualmente
cena	precio
paragon	ticket de pago
faktura	faktura
reszta - resztę	vuelto
drobne	vuelto
vuelto	monedas
efectivo	gotówka
tarjeta	karta
pack de turista	zestaw turystyczny
chicle	guma do żucia
cepillo de dientes	szczoteczka do zębów
pasta de dientes	pasta do zębów

Ejercicios

1. Responda a las preguntas.

- Co kupuje klientka?

....

- Ile kosztuje guma do żucia?

....

- Czy klientka potrzebuje fakturę?

....

- Czy klientka ma resztę?

....

2. ¿Quién dice estas oraciones? Vendedora (sprzedawczyni) o cliente (klientka)?

Życzę miłego dnia!	- sprzedawczyni czy klientka?
Ile płacę?	- sprzedawczyni czy klientka?
Potrzebuję paragon.	- sprzedawczyni czy klientka?
Czy potrzebuje Pani fakturę?	- sprzedawczyni czy klientka?
Czy ma Pani drobne?	- sprzedawczyni czy klientka?
Czy płaci Pani kartą?	- sprzedawczyni czy klientka?

LEKCJA 7: Haciendo amigos y conversando acerca de mis actividades favoritas

Sopa de letras: conozca nuevo vocabulario.

Lubię

W	O	G	V	G	Ó	R	A	C	H	S	F	E	P
P	I	Ł	K	Ę		N	O	Ż	N	Ą	B	G	U
N	J	R	Q	P	A	T	D	M	E	C	Z	R	F
D	U	W	I	E	L	B	I	A	M	W	R	A	J
Y	A	S	Ł	U	C	H	A	Ć	I	N	S	Ć	B
S	G	I	T	A	R	Z	E	X	N	I	I	P	M
K	T	C	S	M	U	U	B	V	L	E	A	I	U
O	A	H	B	N	M	U	G	E	M		T	A	Z
T	Ń	O	F	L	E	C	I	E	W	Z	K	N	Y
E	C	D	W	Q	T	O	J	O	O	N	Ó	I	K
C	Z	Z	H	I	D	T	J	A	L	O	W	N	Ę
E	Y	I	A	D	S	K	P	O	Ę	S	K	I	C
E	Ć	Ć	N	V	P	F	T	G	V	Z	Ę	E	M
D	N	X	R	H	E	X	X	D	T	Ę	H	D	T

chodzić   dyskotece
flecie   gitarze
grać   górach
mecz   muzykę
nie znoszę   pianinie
piłkę nożną   siatkówkę
słuchać   tańczyć
uwielbiam   wolę

Diálogo

- Cześć! Jak się masz?
- Cześć! Dobrze, a Ty?
- Świetnie, idę do kina.
- Super! Lubisz oglądać filmy?
- Tak, lubię komedie.
- Ja też! Lubię też grać w bilard lub w kręgle.
- Uwielbiam grać w kręgle. Chociaż wolę inny sport.
- Jaki?
- Uwielbiam koszykówkę!
- Koszykówkę? Nie znoszę grać w koszykówkę. Uwielbiam grać w siatkówkę i piłkę nożną.
- Ja również uwielbiam grać w siatkówkę i chodzić po górach w weekendy.
- Oj tak! Lubię chodzić po górach w weekendy i na koncerty!
- Lubisz słuchać muzykę, grać czy tańczyć?
- Lubię wszystko. Słucham rock, tańczę na dyskotece i gram na gitarze.
- Ja gram na perkusji i na flecie. Mam własny zespół. Chcesz grać ze mną?
- Ok, chcę grać w weekend.
- Super! Widzimy się w weekend.
- Do zobaczenia!
- Buziaki! Pa!

Palabras

lubię	me gusta
wolę	prefiero
uwielbiam	adoro
nie znoszę	no soporto
chodzić	andar, ir
do kina	al cinema
po górach	a la montaña
na koncert	al concierto
na mecz	al partido
grać w	jugar (deportes)
bilard	bilard
kręgle	bowling
siatkówkę	volleyball
koszykówkę	basketball
piłkę nożną	football
grać na	tocar (instrumentos)
gitarze	guitarra
pianinie	piano
flecie	flauta
słuchać	escuchar

muzykę	música
tańczyć	bailar
balet	ballet
na dyskotece	en discoteca, boliche
też	también
również	también
w weekend	fin de semana
w weekendy	fines de semana
własny	proprio
zespół	grupo
ze mną	conmigo
sport	deporte

Ejercicios

1. ¿Qué te gusta hacer y qué no te gusta? Termina las frases.

Lubię ....

Nie lubię ....

Uwielbiam ....

Nie znoszę ....

2. Conecta los verbos con los nombres para formar frases.

VERBOS: słucham - idę - gram na - tańczę na

NOMBRES: dyskotece - perkusji - rock - flecie - gitarze - do kina

    1. ....

    2. ....

    3. ....

    4. ....

    5. ....

3. Escriba las oraciones debajo de los dibujos. ¿En qué te hace pensar la foto?

4. Encuentra la conjugación de los verbos. Analiza.

JA	TY	MY	BEZOKOLICZNIK
	idziesz	idziemy	iść
		lubimy	
	uwielbiasz	uwielbiamy	uwielbiać
	wolisz	wolimy	
	nie znosisz	nie znosimy	nie znosić
	słuchasz	słuchamy	
	tańczysz	tańczymy	
	grasz	gramy	
	masz	mamy	mieć
		chcemy	chcieć
widzę się	widzisz się		widzieć się

LEKCJA 8: Preguntando detalles al comprar en una tienda

Sopa de letras: conozca nuevo vocabulario.

Kupuję w sklepie

I	W	I	D	Z	I	E	C	I	K	O	T	Z	H
H	S	V	O	I	Y	J	K	I	R	L	O	C	A
R	T	B	R	O	A	E	C	F	Ó	D	X	L	H
Ó	U	F	O	P	Y	Ś	L	D	W	E	I	U	C
Ż	K	H	S	R	N	Ć	E	E	N	S	U	W	I
N	A	J	Ł	A	A	K	N	M	I	E	D	Y	A
E	Ć	U	Y	C	I	O	X	I	E	R	J	D	C
V	T	Q	C	U	E	C	O	Ś	Ż	Z	U	A	Q
J	F	A	H	J	R	D	P	J	D	O	Y	Ć	R
G	Q	Z	G	Ą	J	D	E	M	W	E	J	Ś	Ć
X	Z	A	P	Y	T	A	Ć		S	I	Ę	U	M
O	Z	F	I	W	E	G	P	J	F	B	J	C	O
K	S	Z	T	A	Ł	T	F	U	L	A	I	W	Ż
C	H	Y	B	A	M	V	M	R	P	S	Q	Q	E

chyba   coś
deser   dorosłych
dzieci   jeść
kot   kształt
może   pracują
również   różne
wejść   wstukać
wydać   zapytać się

Diálogo

- Dzień dobry, przepraszam gdzie jest sklep z instrumentami?
- Tutaj. Proszę iść prosto i na lewo znajduje się sklep muzyczny.
- Dziękuję. ....
- Przepraszam, chyba się zgubiłam. Tam nie ma sklepu muzycznego.
- Jest. Sklep muzyczny i kiosk pracują razem. Proszę wejść do kiosku i zapytać. Kiosk ma niebieskie drzwi, a na lewo są drugie drzwi w kolorze zielonym. Tam znajdują się instrumenty.
- Dziękuję.........
- Dzień dobry, czy tutaj jest sklep muzyczny? Tak, proszę wejść przez zielone drzwi.
- Dziękuję, przepraszam czy ma Pani gitary?
- Tak, mamy gitary dla dzieci i dorosłych.
- Świetnie, szukamy gitary dla dzieci.
- Mamy różne gitary dla dzieci. W kształcie ziemniaka, telefonu lub kota.
- Super, ile kosztuje gitara w kształcie kota?
- Ta gitara kosztuje 150 złotych.
- Bardzo droga. Potrzebuję coś tańszego na prezent.
- Hmmmm, co lubi robić dziecko?
- To dziecko lubi grać na instrumentach, tańczyć, śpiewać i jeść desery.
- To może mikrofon? Mamy mikrofon w kształcie banana lub kota.
- Ooo, super. Jakiego koloru jest kot?

- Ten mikrofon jest czarny, brązowy, pomarańczowy, różowy lub żółty.
- Ok, ile kosztuje mikrofon pomarańczowy?
- Pomarańczowy kot kosztuje 40 lub 60 złotych. Mały kosztuje 40 złotych, a duży kosztuje 60 złotych.
- Super! Poproszę małego kota.
- Czy płaci Pani gotówką czy kartą?
- Płacę gotówką. Proszę 50 złotych.
- Czy ma Pani 40 złotych. Nie mam jak wydać.
- Nie mam drobnych. W takim razie płacę kartą.
- Świetnie, proszę wstukać PIN i podpisać.
- Proszę.
- Oto paragon dla Pani.
- Dziękuję. Potrzebuję również fakturę.

Palabras

jeść	comer
szukam	busco
zapytać się	preguntarse
wejść	entrar
zgubiłam się	me perdí
pracują	trabajan

wydać	devolver
wstukać	teclear
kolor	color
banan	banana
deser	postre
prezent	regalo
kot	gato
dorosłych	adultos
dzieci	niños
drzwi	puerta
kształt	forma
mikrofon	micrófono
w takim razie	en este caso
może	puede ser
coś	algo
różne	diferentes
chyba	quizás
razem	juntos
również	también

COLORES

biały	blanco
czarny	negro
niebieski	azul
czerwony	rojo
zielony	verde
pomarańczowy	naranja
różowy	rosada
szary	gris
fioletowy	violeta
żółty	amarillo

Ejercicios

1. *Responda a las preguntas.*

- Ile kosztuje gitara w kształcie kota?

A) Gitara kosztuje sto pięćdziesiąt złotych

B) Gitara kosztuje sto sześćdziesiąt złotych

- Co lubi robić dziecko?

A) Dziecko lubi grać na gitarze, tańczyć, śpiewać i jeść.

B) Dziecko lubi tańczyć, grać na instrumentach, śpiewać i jeść desery.

- Jaki mikrofon kupuje Pani w sklepie?

A) małego pomarańczowego kota

B) dużego banana

- Jak Pani płaci w sklepie?

A) Pani płaci kartą

B) Pani płaci gotówką

2. ¿Cómo se habla correctamente en polaco? Elije respuestas correctas.

A) Proszę wejść do zielone drzwi

B) Proszę wejść przez zielone drzwi

_____

A) Potrzebuję coś tańszego na prezent.

B) Potrzebuję coś tani na prezent.

_____

A) Nie mam jak reszty.

B) Nie mam jak wydać.

Módulo 3

En el presente módulo, los diálogos permiten organizar mejor tu viaje y recorrido diario a través de Polonia. Las claves del mismo serán los días de la semana y los horarios, los cuales te permitirán realizar tus actividades eficientemente. Aprenderás el vocabulario necesario para elegir el plan y el abono cuando te inscribes en una actividad deportiva.

Este módulo contiene audios para sus diálogos respectivos cuales puedes descargar de aquí: https://bit.ly/respuestas-polaco

Este módulo está también disponible en forma de curso online en la página siguiente: https://amamosidiomas.com/producto/curso-de-polaco-nivel-3-premium/

El curso contiene explicaciones en forma de video y texto, audios de palabras grabadas por separado para mejorar la pronunciación y ejercicios interactivos.

Si la metodología de este libro te parece amigable y quisieras reforzar tus conocimientos de forma ilimitada en cada nivel, la suscripción mensual puede ser de gran ayuda para tu proceso de aprendizaje.

Los miembros tienen acceso a todos los cursos autodidactas complementarios a cada capítulo de este libro en forma de membresía: https://amamosidiomas.com/membresia/

LEKCJA 9: Inscribirse en clases de aerobic

Sopa de letras: conozca nuevo vocabulario.

Zapisuję się na zajęcia

C	G	O	D	Z	I	N	A	C	H	D	A	X	W
H	O	P	O	W	I	E	C	Z	O	R	E	M	Y
W	T	X	X	Z	A	P	I	S	A	Ć	K	Z	B
T	W	Z	Q	T	Z	R	J	M	X	J	B	A	R
T	A	A	G	Y	J	O	A	R	R	E	R	R	A
C	R	J	R	D	D	P	C	A	O	S	A	E	Ć
G	C	Ę	L	Z	V	O	H	Z	W	T	N	Z	S
N	I	C	F	I	P	N	C	X	C	E	O	E	B
D	Z	I	Y	E	Z	U	Ę	C	R	Ś	H	R	G
Z	L	A	V	Ń	U	J	C	N	F	M	E	W	D
Z	A	L	E	Ż	Y	Ę	W	C	N	Y	A	O	Y
F	M	I	E	J	S	C	E	X	V	R	D	W	E
N	T	L	I	D	Z	Y	B	B	Q	Z	M	A	B
Q	I	L	E	J	O	N	P	Y	C	N	M	Ć	I

chcę	godzinach
ile	jesteśmy
miejsce	otwarci
proponuję	rano
raz	tydzień
wieczorem	wybrać
zajęcia	zależy
zapisać	zarezerwować

Diálogo

- Dzień dobry! Chciałabym się zapisać na aerobik.
- Dzień dobry! Ile razy w tygodniu?
- 2 lub 3 razy w tygodniu. To zależy od ceny...
- 2 razy w tygodniu kosztuje 80 złotych. Aerobik 3 razy w tygodniu kosztuje 100 złotych.
- Ok, w takim razie interesuje mnie aerobik 3 razy w tygodniu.
- Świetnie. Proponuję zajęcia w poniedziałek, środę i piątek lub we wtorek, czwartek i sobotę.
- W jakich godzinach?
- Może Pani wybrać zajęcia rano lub wieczorem. Jesteśmy otwarci od 7 rano do 12 i od 16 godziny do 22 wieczorem.
- Ok, chcę zarezerwować miejsce od 10 do 11 godziny w poniedziałki, środy i piątki.

Palabras

zapisać	inscribirse
ile	cuánto
raz/razy	una vez/ veces
tydzień	semana
w tygodniu	en la semana
zależy	depende
mnie	a mi

proponuję	propongo
zajęcia	actividades, clases
jakich	cuáles
godzinach	horas
godziny	horas
może	quizás
wybrać	elegir
rano	por la mañana
wieczorem	por la tarde
jesteśmy	estamos/somos
otwarci	abiertos
chcę	quiero
zarezerwować	reservar
miejsce	lugar

Ejercicios

1. ¿Qué pasó en el diálogo? Elige la respuesta correcta: verdadero (prawda) o falso (fałsz)?

1. Rozmowa odbywa się w sklepie.

A) Prawda

B) Fałsz

2. Zajęcia odbywają się w poniedziałki, wtorki, środy, czwartki, piątki lub w soboty.

A) Prawda

B) Fałsz

3. Aerobik 3 razy w tygodniu kosztuje 80 złotych.

A) Prawda

B) Fałsz

4. Klientka chce zarezerwować miejsce od dziesiątej do jedenastej godziny w poniedziałki, środy i piątki.

A) Prawda

B) Fałsz

2. Encuentra el orden de los días de la semana.

środa - piątek - niedziela - poniedziałek - wtorek - czwartek - sobota

_____

_____

_____

LEKCJA 10: Horarios y días de la semana

Sopa de letras: conozca nuevo vocabulario.

Dni tygodnia i godziny

C	D	W	U	D	Z	I	E	S	T	E	J	B	E
G	J	I	Q	Q	K	D	A	E	A	W	C	P	I
P	I	E	R	W	S	Z	E	J	D	Ś	Z	P	Y
D	Z	I	E	W	I	Ą	T	E	J	R	W	I	K
R	Q	L	A	E	A	H	F	P	U	O	A	Ę	V
D	G	Q	X	E	F	V	K	R	X	D	R	T	W
R	K	S	O	B	O	T	A	G	G	A	T	N	T
U	S	I	Ó	D	M	E	J	B	G	Q	E	A	O
G	J	E	D	E	N	A	S	T	E	J	K	S	R
I	T	B	N	I	E	D	Z	I	E	L	A	T	E
E	S	Z	E	S	N	A	S	T	E	J	B	E	K
J	Z	D	V	U	P	I	Ą	T	E	K	E	J	Q
X	P	O	N	I	E	D	Z	I	A	Ł	E	K	N
D	Z	I	E	W	I	Ę	T	N	A	S	T	E	J

czwartek   drugiej
dwudziestej   dziewiątej
dziewiętnastej   jedenastej
niedziela   pierwszej
piątek   piętnastej
poniedziałek   siódmej
sobota   szesnastej
wtorek   środa

La introducción a esta clase en forma de vídeo está disponible en YouTube. Tratamos de conectar los colores con el orden de los días de la semana. Haz una actividad con nosotros.

https://youtu.be/TlhQIvLjxdo

También mira cómo cambian los números que ya conociste con los números cardinales que usamos en idioma polaco para expresar la hora:

https://youtu.be/-EkSgLBxn-A

DIÁLOGO 1

- Co lubisz robić w tygodniu?
- W poniedziałek nic lubię robić.

  We wtorek pracuję.

  W środę gotuję w domu.

  W czwartek lubię biegać.

  W piątek słucham muzyki.

  W sobotę lubię oglądać filmy na Netflixie.

  W niedzielę chodzę po górach lub odpoczywam.

DIÁLOGO 2

- Co robisz w poniedziałek o (10) dziesiątej godzinie?
- Gram w siatkówkę w poniedziałek o 10 godzinie.
- Gram na flecie w poniedziałek o 10 godzinie.
- Co lubisz robić we wtorek o (16) szesnastej godzinie?
- Gram w piłkę nożną o 16 godzinie we wtorek.
- Lubię też chodzić do teatru we wtorek o 16 godzinie.
- Co lubisz robić w środę o (12) dwunastej godzinie?

Lubię chodzić po górach w środę o 12 godzinie lub chodzę do restauracji w środę o 12 godzinie.

- Co robisz w piątek o (7) siódmej rano?
- Słucham radio w piątek o siódmej godzinie.
- Chodzę do szkoły w piątek o siódmej rano.

Palabras

poniedziałek	lunes
wtorek	martes
środa	miércoles
czwartek	jueves
piątek	viernes
sobota	sábado
niedziela	domingo

Ejercicios

1. ¿Cómo se dice la hora en polaco? Responde en voz alta lo más rápido posible consultando la tabla de abajo.

O której godzinie? - 7, 10, 14, 17, 19, 20, 21, 23

1 - o pierwszej godzinie
2 - o drugiej godzinie
3 - o trzeciej godzinie
4 - o czwartej godzinie
5 - o piątej godzinie
6 - o szóstej godzinie
7 - o siódmej godzinie
8 - o ósmej godzinie
9 - o dziewiątej godzinie
10 – o dziesiątej godzinie
11 – o jedenastej godzinie
12 – o dwunastej godzinie
13 – o trzynastej godzinie
14 – o czternastej godzinie
15 – o piętnastej godzinie
16 – o szesnastej godzinie
17 – o siedemnastej godzinie

18 – o osiemnastej godzinie

19 – o dziewiętnastej godzinie

20 - o dwudziestej godzinie

21 - o dwudziestej pierwszej godzinie

22 - o dwudziestej drugiej godzinie

23 - o dwudziestej trzeciej godzinie

24 - o dwudziestej czwartej godzinie

2. Responde a las preguntas sobre tu vida.

O której godzinie oglądasz filmy w telewizji?

....

O której godzinie biegasz?

....

O której godzinie jesz śniadanie?

....

O której godzinie kupujesz w sklepie?

....

O której godzinie chodzisz na siłownię?

....

O której godzinie śpisz?

....

LEKCJA 11: Inscribirse en algún deporte

Sopa de letras: conozca nuevo vocabulario.

Uprawiam sport

I	N	N	Y	J	P	R	O	M	O	C	J	Ę	J
W	D	C	K	O	N	S	U	L	T	A	C	J	E
C	W	A	O	B	E	J	M	U	J	E	F	E	V
Y	P	V	S	P	O	R	T	O	W	E	C	Ś	S
C	M	Z	L	Z	M	I	E	S	I	Ą	C	L	R
I	N	D	Y	W	I	D	U	A	L	N	E	I	G
G	N	S	S	T	E	N	E	R	T	G	Y	U	S
D	A	R	U	K	G	R	U	P	O	W	E	M	V
S	V	P	T	C	P	R	Y	W	A	T	N	E	D
P	R	O	P	O	N	U	J	Ę	Q	M	H	H	J
V	K	Z	Z	D	P	O	L	E	C	I	Ć	I	Z
U	W	C	Y	Z	U	K	B	A	S	E	N	E	R
D	O	W	I	E	D	Z	I	E	Ć		S	I	Ę
P	G	O	J	U	E	R	O	W	E	R	A	R	V

Aprende nuevo vocabulario con Amamos Idiomas:

basen	dowiedzieć się
grupowe	indywidualne
inny	jeśli
konsultacje	miesiąc
obejmuje	polecić
promocję	proponuję
prywatne	rower
sportowe	tener

Palabras

dowiedzieć się	recibir información
zajęcia	actividades
sportowe	deportivas
indywidualne	individuales
grupowe	colectivos
grupa	grupo
proponuje	propone
konsultacje	consultas
prywatne	privadas
trener	entrenador
rower	bicicleta
basen	pileta
mieć	tener
polecić	recomendar
obydwu	ambos
miesiąc	mes
miesięczny	mensual
należy się	se otorga
promocję	promoción
obejmuje	engloba
zapisać się	inscribirse
strona	página

też	también
inny	diferente
jeśli	si

Diálogo

• Dzień dobry! Chciałabym się zapisać na aerobik.

• Dzień dobry! Ile razy w tygodniu?

• 2 lub 3 razy w tygodniu. To zależy od ceny...

• 2 razy w tygodniu kosztuje 80 złotych. Aerobik 3 razy w tygodniu kosztuje 100 złotych.

• Ok, w takim razie interesuje mnie aerobik 3 razy w tygodniu.

• Świetnie. Proponuję zajęcia w poniedziałek, środę i piątek lub we wtorek, czwartek i sobotę.

• W jakich godzinach?

• Może Pani wybrać zajęcia rano lub wieczorem. Jesteśmy otwarci od 7 rano do 12 i od 16 godziny do 22 wieczorem.

• Ok, chcę zarezerwować miejsce od 10 do 11 godziny w poniedziałki, środy i piątki.

Ejercicios

1. Elige la respuesta correcta.

- Ile razy w tygodniu jest aerobik?

A) siedem razy w tygodniu

B) sześć razy w tygodniu

- W jakie dni są zajęcia z aerobiku?

A) w czwartek, w poniedziałek, w sobotę, w środę, w piątek i we wtorek

B) w czwartek, we poniedziałek, we sobotę, w środę, w piątek i we wtorek

- W jakich godzinach są zajęcia rano?

A) Od siódmej do dwunastej godziny

B) Od ósmej do jedenastej godziny

- W jakich godzinach są zajęcia wieczorem?

A) Od szesnastej do dwudziestej drugiej

B) Od szesnastej do osiemnastej

- Co zarezerwowała Pani?

A) Aerobik w poniedziałki, środy i piątki od dziesiątej do jedenastej

B) Aerobik w poniedziałki, środy i piątki od jedenastej do dziesiątej

2. ¿Qué entendiste del diálogo? ¿Cómo respondes a las siguientes preguntas?

Ile kosztuje abonament na siłowni?

___

Jak można zapisać się na zajęcia?

_____

Co kupuje klientka?

_____

Ile zajęć sportowych proponuje Pani w siłowni?

_____

3. Encuentra las palabras que no corresponden al contexto en la tabla.

rower	kościół	basen
siłownia	sklep	prawo
strona	kosztuje	złoty
promocja	tydzień	abonament
raz	proszę	dziękuję

4. Responde a las preguntas.

¿Qué día de la semana trabajas?

_____

¿Qué día de la semana descansas?

_____

LEKCJA 12: Obtener número de teléfono en Polonia

Sopa de letras: conozca nuevo vocabulario.

Kupuję polski chip

H	P	M	D	D	I	P	S	S	S	K	O	D	Y
C	E	T	N	W	P	A	Z	A	S	I	Ę	G	L
E	V	M	A	Ł	N	S	D	Z	F	C	A	B	A
P	J	M	J	Ą	O	Z	V	N	R	E	B	S	O
O	E	G	L	C	G	P	E	P	G	J	O	A	S
D	S	D	E	Z	O	O	X	O	O	J	N	S	O
O	Z	O	P	Y	T	R	L	D	R	U	A	Y	B
B	C	W	S	Ć	W	T	F	P	G	Ż	M	D	I
A	Z	Ó	Z	J	G	H	M	I	A	J	E	Z	S
C	E	D	Y	F	C	F	H	S	X	F	N	W	T
D	O	Ł	A	D	O	W	A	N	I	E	T	L	Y
Z	A	R	E	J	E	S	T	R	O	W	A	Ć	R
V	Q	D	O	Ł	Ą	D	O	W	A	Ć	Q	N	W
W	Y	Ł	Ą	C	Z	Y	Ć	N	X	H	B	Q	V

abonament
doładowanie
jeszcze
kod
osobisty
podoba
wyłączyć
zarejestrować

dowód
doładować
już
najlepszy
paszport
podpis
włączyć
zasięg

Diálogo

- Dobry wieczór! Czy ma Pani chip na doładowanie?
- Tak. Mam kartę SIM. Orange, Idea czy Era?
- Nie wiem. Która jest najlepsza?
- Abonament czy na kartę?
- Na kartę. Chcę doładować kiedy mi się podoba.
- W takim razie Orange jest najtańsza, ale Era ma najlepszy zasięg.
- OK. Poproszę chip Era.
- Poproszę dokument tożsamości.
- Proszę. Oto mój paszport.
- Dziękuję. Już Panią zarejestrowałam.
- Oto Pani numer i kod PIN. Proszę wyłączyć i włączyć telefon i wstukać PIN.
- Świetnie. Czy to wszystko?
- Tak. Ile to kosztuje?
- 40 (czterdzieści) złotych.
- Aaa i jeszcze chciałabym doładowanie za 20 (dwadzieścia) złotych.
- Proszę.
- Czy mogę płacić kartą?
- Oczywiście.
- Proszę.
- Proszę o podpis.... To dla Pani.
- Dziękuję. Do widzenia.
- Do widzenia.

Palabras

chip / sim	chip
doładowanie	carga
doładować	cargar
na kartę	carga mensual
abonament	plan
nie wiem	no sé
która	cuál
który	cuál
najlepszy	lo mejor
najlepsza	la mejor
kiedy	cuándo
podoba mi się	me gusta
najtańsza	la más barata
zasięg	señal
dokument tożsamości	documento de identidad
paszport	pasaporte
kod	código
zarejestrować	registrarse
zarejestrowałam	me registré
wyłączyć	apagar
włączyć	prender
podpis	firma
jeszcze	todavía
już	ya

Ejercicios

1. Encuentra los significados de las palabras.

chip/sim	firma
doładowanie	carga
doładować	carga mensual
na kartę	me gusta
abonament	lo mejor
nie wiem	no sé
najlepszy	plan
podoba mi się	cargar
podpis	chip

2. Elija las palabras correspondientes a los dibujos: zasięg / cena / dokument tożsamości / karta / telefon / woda.

3. Coloca en orden las palabras.

zarejestrowałam / już / . / Panią

....

to / ? / ile / kosztuje

....

najlepsza / która / jest

....

ma / ta / zasięg / karta / najlepszy

....

proszę / podpis / Pani / o

....

LEKCJA 13: Cambio dinero en la casa de cambio

Diálogo

- Dzień dobry!
- Dzień dobry! W czym mogę pomóc?
- Chciałabym wymienić pieniądze.
- Jaką walutę?
- Złoty na dolary.
- Dólar jest za 3,70. Jaką ma Pani kwotę?
- Świetnie, mam 370 złotych.
- Bardzo dobrze. Należy się 100 dolarów.
- Dziękuję.
- Potwierdzenie dla Pani.
- Dziękuję. Do widzenia.

Palabras

w czym	en qué
mogę	puedo
pomóc	ayudar
wymienić	intercambiar

pieniądze	dinero
walutę	moneda
kwotę	soma
należy się	debería
potwierdzenie	confirmación

Ejercicios

1. Encuentra las frases en el diálogo con las palabras claves de esta clase. ¿Las entiendes?

pomóc - ayudar

....

wymienić - cambiar, intercambiar

....

pieniądze - dinero

....

walutę - moneda (caso Acusativo)

....

kwotę - soma (caso Acusativo)

....

należy się - corresponde (en el contexto de pagos)

....

potwierdzenie - confirmación

....

2. ¿Qué pasó en el diálogo? Elige la respuesta correcta: verdadero (prawda) o falso (fałsz)?

- Klient wymienia dolary na złote.   PRAWDA / FAŁSZ
- Dolar kosztuje teraz 300 złotych.   PRAWDA / FAŁSZ
- Klient ma potwierdzenie wymiany pieniędzy.   PRAWDA / FAŁSZ
- W kantorze można wymienić pieniądze.   PRAWDA / FAŁSZ

LEKCJA 14: ¿Cómo pedir información en el banco?

Sopa de letras: conozca nuevo vocabulario.

Idę do banku

V	H	C	T	R	C	H	O	V	K	Y	P	R	L
G	G	C	Z	D	B	Y	D	F	A	O	S	H	G
K	A	S	I	E	Q	W	C	T	N	M	V	F	N
P	O	M	Ó	C	Q	A	K	R	T	R	X	V	A
V	W	P	Ł	A	C	I	Ć	Q	O	M	T	S	L
P	I	E	N	I	Ą	D	Z	E	R	Q	P	B	E
O	E	Q	L	S	E	W	A	L	U	T	Ę	I	Ż
K	M	F	B	D	L	A	C	Z	E	G	O	R	Y
I	T	E	D	W	Y	M	I	E	N	I	Ć	B	O
E	Z	W	Q	F	W	Y	K	O	N	A	Ć	O	X
N	R	Q	M	I	A	B	B	K	W	O	T	Ę	U
K	P	P	R	Z	E	L	E	W	W	O	K	B	L
U	C	T	Z	A	G	R	A	N	I	C	Z	N	E
P	O	T	W	I	E	R	D	Z	E	N	I	E	X

bo	dlaczego
kantor	kasie
kwotę	należy
okienku	pieniądze
pomóc	potwierdzenie
przelew	walutę
wpłacić	wykonać
wymienić	zagraniczne

Diálogo

- Dzień dobry!
- Dzień dobry! W czym mogę pomóc?
- Chciałabym wykonać przelew na zagraniczne konto.
- Poproszę Pani dowód osobisty.
- Mam tylko paszport.
- Czy ma Pani u nas konto?
- Nie, nie mam konta bankowego w Polsce.
- W takim razie nie mogę Pani pomóc.
- Dlaczego?
- Musi mieć Pani konto w naszym banku, aby wykonać przelew. Może Pani wysłać pieniądze przez Western Union za granicę.
- Czy mogę w takim razie wpłacić pieniądze w okienku na polskie konto.
- Oczywiście, może Pani wpłacić pieniądze w kasie na konto.
- Dziękuję. Do widzenia.
- Proszę, Do widzenia.

Palabras

wykonać	efectuar
przelew	transferencia
zagraniczne	extranjero

polskie	polaco
konto	cuenta
bankowe	bancaria
dowód osobisty	cédula
paszport	pasaporte
u nas	en nuestra (casa, oficina)
w naszym	en nuestra (casa, oficina)
dlaczego	porqué
musi	tiene que
wpłacić	depositar
okienku	ventanilla
w kasie	en la caja
tylko	solo

Ejercicios

1. ¿Qué pasó en el diálogo? Elige la respuesta correcta: verdadero (prawda) o falso (fałsz)?

- Klient chce wykonać przelew na konto w Polsce.

    PRAWDA / FAŁSZ

- Klient ma dowód osobisty.

    PRAWDA / FAŁSZ

- Klient nie może wykonać przelewu za granicę w banku.

PRAWDA / FAŁSZ

- Pani w banku może pomóc klientowi.

PRAWDA / FAŁSZ

- Klient ma konto w banku zagranicznym.

PRAWDA / FAŁSZ

2. Coloca las palabras en orden para hacer una frase lógica.

pieniądze / kwotę / chciałabym / na / 100 USD / wymienić

....

Pani / osobisty / musi / dowód / mieć

....

dolary / ma / czy / czy / Pan / złote

....

bankowe / konto / Mam / za / tylko / granicą

....

mogę / takim / pomóc / w / nie / razie

....

Módulo 4

En el presente módulo aprenderás a expresarte de acuerdo a tus gustos y a las actividades que puedes realizar en tu tiempo libre. Nos vamos a enfocar en una actividad invernal como el ski. Por ejemplo, en Polonia, existen estaciones de ski donde los turistas alquilan ropa y equipamiento adecuado para la actividad. Por lo tanto, aprenderemos el vocabulario y las expresiones necesarias para realizar este deporte.

Finalmente, aprenderás a realizar llamadas por teléfono de manera formal e informal. Esto es de suma importancia porque te permitirá realizar diálogos donde negociarás, por ejemplo, un alquiler turístico y los detalles necesarios para que su estadía sea placentera.

Este módulo contiene audios para sus diálogos respectivos, los cuales puedes descargar de aquí: https://bit.ly/respuestas-polaco

Además, está disponible en forma de curso online en la siguiente página:https://amamosidiomas.com/producto/curso-de-polaco-nivel-4-premium/

o en forma de la suscripción mensual a todos los niveles: https://amamosidiomas.com/membresia/

Los videos explicativos, audios de palabras y expresiones con sus traducciones están disponibles para los alumnos. Por otro lado, los ejercicios virtuales ayudan a reforzar todos los conocimientos.

LEKCJA 15: Equiparse para esquiar

Sopa de letras: conozca nuevo vocabulario.

Jeżdżę na nartach

S	Z	C	P	D	O	D	A	T	K	I	S	M	E
I	R	A	A	K	H	P	Y	B	O	W	P	U	F
R	E	B	S	A	E	Z	A	J	B	P	R	M	B
O	W	R	U	S	O	S	W	W	I	N	Z	R	N
Z	Z	W	J	K	J	I	H	E	E	N	Ę	G	A
M	D	B	E	J	K	P	M	N	T	P	T	H	R
I	D	Z	I	S	I	A	J	L	F	P	J	M	T
A	Y	X	F	A	K	T	Y	C	Z	N	I	E	Y
R	I	C	P	R	Z	Y	M	I	E	R	Z	Y	Ć
Y	I	T	O	A	X	Y	N	A	R	T	Y	L	R
Y	P	O	R	F	L	H	O	K	U	L	A	R	Y
J	G	B	K	I	J	K	I	W	Z	R	O	S	T
G	S	W	Y	P	O	Ż	Y	C	Z	Y	Ć	E	F
V	M	L	J	S	P	O	D	N	I	E	K	J	U

dodatki   dzisiaj
faktycznie   kask
kijki   kobiet
narty   narty
okulary   pasuje
przymierzyć   rozmiar
spodnie   sprzęt
wypożyczyć   wzrost

EJERCICIO ANTES DE LA LECTURA

Cuales infinitivos corresponden a los verbos conjugados en YO y USTED: wypożyczyć, przymierzyć, pasować, chcieć, musieć, mieć, potrzebować, płacić, kosztować, chcieć.

Ja muszę	Ja kosztuję	Ja mam	Ja wypożyczam	Ja przymierzam
Pani musi	Pan kosztuje	Pan ma	Ona wypożycza	On przymierza
Ja pasuję	Ja chcę	Ja potrzebuję	Ja chciałabym	Ja płacę
On pasuje	Ona chce	Ona potrzebuje	Ona chciałaby	On płaci

Palabras

dodatki   suplementos
dzisiaj   hoy
faktycznie   obvio

kask	casco
kijki	bastones
kobiet	mujer
mieć	tener
muszę	tengo que
narty	ski
okulary	gafas, antiparras
pasuje	combina
przymierzyć	probar (ropa)
rozmiar	tamaño
spodnie	pantalones
sprzęt	equipamiento
ta/te/ten	esta, este (neutro), este
tylko	solo
wypożyczenie	de alquiler
wypożyczyć	alquiler
wzrost	altura
centymetrów	centímetros

Diálogo

- Dzień dobry Chciałabym wypożyczyć narty i kask.
- Dzień dobry. Na ile dni?
- Tylko na dzisiaj.
- Jaki ma Pani rozmiar?
- 38 (trzydzieści osiem) i kask nie wiem.
- Proszę przymierzyć kaski dla kobiet po prawej stronie.
- Ten pasuje.
- Czy chciałaby też Pani kijki, okulary, spodnie lub inne dodatki?
- Faktycznie, muszę mieć kijki.
- Jaki ma Pani wzrost?
- Mam 170 (sto siedemdziesiąt) centymetrów wzrostu.
- Potrzebuje Pani te kijki w takim razie.
- Dziękuję. Ile płacę za wypożyczenie sprzętu?
- Wypożyczenie sprzętu na 24 (dwadzieścia cztery) godziny kosztuje 50 (pięćdziesiąt) złotych.
- Czy mogę płacić kartą?
- Oczywiście.
- Proszę.
- Pani podpis.
- Proszę. Dziękuję.

Ejercicios

1. Inventa preguntas con las siguientes palabras: rozmiar, okulary, kartą.

_____

_____

_____

2. ¿Cómo respondes a estas preguntas?

1. Co musisz wypożyczyć w wypożyczalni nart?

   _____

2. Jaki masz wzrost?

   _____

3. Jaki masz rozmiar?

   _____

4. Ile kosztuje wypożyczenie sprzętu w Bariloche?

   _____

LEKCJA 16: Realizo una reservación en un hotel

Sopa de letras: conozca nuevo vocabulario.

Rezerwuję pokój w hotelu

X	U	Z	A	R	E	Z	E	R	W	O	W	A	Ć
X	Y	K	S	X	L	E	Z	M	I	Ę	D	Z	Y
Z	Ś	N	I	A	D	A	N	I	E	S	N	Z	N
O	Z	D	O	D	A	T	K	O	W	O	A	B	C
H	D	B	D	H	Q	J	U	T	R	O	J	K	Y
O	H	N	T	T	Q	T	R	Z	E	B	A	M	Ł
T	I	N	O	C	S	R	Q	B	G	A	O	N	A
E	L	Z	A	M	Ó	W	I	Ć	Z	Z	S	N	Z
L	N	D	W	Ł	A	S	N	Y	Y	N	D	F	I
L	W	O	Z	W	L	I	C	Z	O	N	E	C	E
O	T	S	N	W	C	Z	E	Ś	N	I	E	J	N
H	U	T	T	P	O	K	Ó	J	N	A	F	M	K
W	U	Ę	B	Z	Y	Y	P	Ł	A	T	N	E	A
T	Z	P	D	G	P	O	K	L	B	R	B	K	W

dodatkowo   dostęp
hotel   jutro
między   noc
pokój   płatne
trzeba   wcześniej
wliczone   własny
zamówić   zarezerwować
łazienka   śniadanie

Diálogo

- Dzień dobry!
- Dzień dobry! Czy ma Pani wolny pokój dla dwóch osób jutro?
- Tak. Pokój z łazienką.
- Świetnie. Chciałabym zarezerwować dwa pokoje.
- Na jakie nazwisko?
- Nazywam się Janina Ochojska.
- Jaki jest Pani numer telefonu?
- Mój numer telefonu to +48 592 461 837
- Czy w hotelu jest dostęp do Internetu?
- Tak, mamy wifi.
- Czy jest dostępny parking?
- Oczywiście. Hotel ma własny parking.
- Czy śniadanie jest wliczone w cenę?
- Nie, śniadanie jest płatne dodatkowo. Kosztuje 10 złotych.
- Czy trzeba zarezerwować wcześniej?
- Nie, może Pani zamówić śniadanie do pokoju między ósmą a dziesiątą godziną.
- Super. Dziękuję bardzo. Ile kosztuje noc dla dwóch osób?
- 100 zł.
- Świetnie, poproszę dwa pokoje na dwie noce. Dziękuję.
- Dziękuję. Do widzenia.

Palabras

do Internetu	a internet
dodatkowo	suplementario
dostęp	acceso
dostępny	accesible
hotel	hotel
jutro	mañana
łazienka	baño
między	entre
noc	noche
osób	persona
parking	aparcamiento
płatne	pagado
pokój	cuarto
śniadanie	desayuno
wcześniej	antes
własny	igual
wliczone	incluido
wolny	libre
zamówić	pedir, reservar
zarezerwować	reservar

Ejercicios

1. ¿Qué pasó en el diálogo? Elige la respuesta correcta: verdadero (prawda) o falso (fałsz)?

Klient chce zarezerwować jeden pokój.	Prawda	Fałsz
Hotel ma dostęp do Internetu.	Prawda	Fałsz
Śniadanie kosztuje dodatkowo 100 złotych.	Prawda	Fałsz
Śniadanie można zjeść między 8 i 10 godziną.	Prawda	Fałsz

2. Responda a las preguntas:

- Ile kosztuje śniadanie?

....

- Kiedy trzeba zarezerwować śniadanie?

....

- Co chciałaby Pani zarezerwować?

....

3. Borra las palabras que no están correctas según el contexto.

- Czy w hotelu jest dostęp do <u>wifi / baru / Internetu</u>?
- Czy śniadanie jest <u>wliczone w noc / płatne / za darmo</u>?
- Ile kosztuje noc <u>w pokoju dwuosobowym / nocy / dla dwóch osób</u>?
- Chciałabym zarezerwować <u>śniadanie / parking / pokój</u>.
- Czy hotel ma <u>dodatkowy / wolny / własny</u> parking?

LEKCJA 17: Llamo por teléfono

Sopa de letras: conozca nuevo vocabulario.

Dzwonię

L	Q	E	B	Z	A	D	Z	W	O	N	I	Ć	T
P	R	Z	Y	J	E	M	N	O	Ś	Ć	K	I	P
L	V	J	W	V	Z	E	B	R	A	N	I	U	R
X	N	S	A	J	I	C	Z	E	K	A	M	E	Z
J	B	L	Ż	B	I	R	P	M	V	Y	W	L	E
K	F	B	N	A	Y	V	C	M	I	A	P	S	D
O	V	D	E	N	C	R	X	H	C	W	R	P	S
L	Z	O	S	T	A	W	I	Ć	O	W	Z	R	T
E	S	T	U	D	I	Ó	W	Q	F	V	E	A	A
Ż	Z	W	I	A	D	O	M	O	Ś	Ć	K	W	W
A	R	O	Z	M	A	W	I	A	Ć	F	A	D	I
N	S	P	P	O	D	A	J	Ę	B	G	Ż	Z	Ć
K	J	O	D	B	I	E	R	A	M	Q	Ę	A	L
A	X	Z	A	P	O	M	N	I	A	Ł	A	M	D

czekam
odbieram
przedstawić
przyjemność
sprawdzam
ważne
zadzwonić
zebraniu

koleżanka
podaję
przekażę
rozmawiać
studiów
wiadomość
zapomniałam
zostawić

Diálogo - En la casa

• Dzień dobry!

• Dzień dobry! Czy mogę rozmawiać z Anną?

• Przepraszam, z kim mam przyjemność?

• Przepraszam, zapomniałam się przedstawić. Z tej strony Karolina – koleżanka ze studiów.

• Już sprawdzam czy Anna jest w domu.

(SE ESCUCHA: Ania, jesteś w domu? Karolina do Ciebie dzwoni. Już odbieram.)

• Już ją podaję.

• Tak słucham.

• Cześć Ania! Tutaj Karolina......

Diálogo - En la oficina

• Dzień dobry! Czy Pan Krzysztof Kowalski jest dostępny w tym momencie?

• Pan Krzysztof jest w tym momencie na zebraniu.

• Czy mogę mu zostawić wiadomość?

• Oczywiście, co mam mu przekazać?

• Czy mógłby do mnie zadzwonić między 12 (dwunastą) a 14 (czternastą) godziną? To bardzo ważne.

• Oczywiście. Przekażę mu Pańską wiadomość. Jak się Pan nazywa?

• Marek Szczepański. Dziękuję. Czekam na jego telefon. Do widzenia.

• Do widzenia.

Palabras

czekam na	espero a
dostępny	accesible
dzwoni	sueña (teléfono)»
już	ya
koleżanka	amiga
między	entre
mogę	puedo
mógłby	podría
na zebraniu	en la reunión
oczywiście	obvio
odbieram	recojo
Pańską	de Usted
podaję	paso
przedstawić się	presentarse
przekażę mu	le paso
przekazać	pasar
przyjemność	placer
rozmawiać z	hablar con
sprawdzam	averiguo
telefon	teléfono

tutaj	aquí
w domu	en la casa
w tym momencie	en este momento
ważne	importante
wiadomość	mensaje
z tej strony	de este lado
zadzwonić	llamar por teléfono
zapomniałam	olvidé
ze studiów	de la facultad
zostawić	dejar

Ejercicios

1. ¿Qué pasó en el diálogo? Elige la respuesta correcta: verdadero (prawda) o falso (fałsz)?

   1. Karolina dzwoni do Ani.
   a) PRAWDA
   b) FAŁSZ

   2. Karolina i Ania są koleżankami.
   a) PRAWDA
   b) FAŁSZ

   3. Ania nie chce rozmawiać z Karoliną.
   a) PRAWDA

b) FAŁSZ

4. Karolina zapomniała się przedstawić.

a) PRAWDA

b) FAŁSZ

5. Krzysztof Kowalski pracuje w domu.

a) PRAWDA

b) FAŁSZ

6. Krzysztof Kowalski nie jest dostępny w tym momencie.

a) PRAWDA

b) FAŁSZ

7. Krzysztof Kowalski jest na zebraniu.

a) PRAWDA

b) FAŁSZ

8. Marek ma oddzwonić po południu do Krzysztofa.

a) PRAWDA

b) FAŁSZ

2. ¿Cuáles palabras hablan sobre el tema de las llamadas telefónicas?

odbierać   komórka   słuchać   kościół   wiadomość

cisza   samochód   numer   jeść   godzina

LEKCJA 18: ¿Qué te gusta hacer?

Sopa de letras: conozca nuevo vocabulario.

Robię w wolnym czasie

G	A	D	S	I	Ł	O	W	N	I	Ę	B	R	L
U	P	R	A	W	I	A	M	A	L	O	W	A	Ć
X	V	M	A	J	S	T	E	R	K	U	J	Ę	T
Y	C	Ś	P	I	E	W	A	Ć	C	T	U	W	B
K	U	C	H	N	I	M	W	Ę	D	K	U	J	Ę
A	U	U	S	U	C	H	O	D	Z	Ę	Y	M	H
N	M	L	M	R	D	T	O	B	R	A	Z	B	M
Y	E	R	M	C	P	Y	C	A	Q	W	Z	G	P
M	Q	Y	T	R	Ł	C	A	A	U	B	L	Z	I
F	T	S	J	G	Y	K	J	O	G	R	Ó	D	S
I	E	U	V	N	W	B	F	G	Q	E	S	W	A
Q	Z	N	U	N	A	C	J	E	Ż	D	Z	I	Ć
P	J	E	S	A	M	O	C	H	Ó	D	C	U	N
E	F	K	P	R	O	W	A	D	Z	I	Ć	O	R

chodzę   jeździć
kuchni   majsterkuję
malować   obraz
ogród   pisać
prowadzić   pływam
rysunek   samochód
siłownię   uprawiam
wędkuję   śpiewać

Diálogo

• Cześć, co robisz w ten weekend?

• Jeszcze nie wiem. Być może będę uprawiać ogród lub majsterkować w sobotę rano. Później muszę ugotować obiad dla rodziny.

• Lubisz gotować?

• Nie za bardzo, ale moja mama ma urodziny i muszę upiec ciasto.

• Świetnie, czyli później masz imprezę?

• Nie, tylko obiad, bo moja mama nie lubi imprez. Woli uprawiać sport. Chce pływać kajakiem w jeziorze w ten weekend. Może będzie też chodzić po górach.

• Gdzie chce chodzić po górach?

• Obok Dużej Góry. Znasz?

• Tak, mój tata lubi tam biegać. Zawsze prowadzę samochód, żeby mógł tam medytować i wędkować.

• Twój tata też pisze książki o medytacji?

• Tak, pisze książki i robi ilustracje. Rysuje i maluje do swoich tekstów.

• Super, bardzo chciałabym poznać książkę twojego taty.

• Co robisz w niedzielę?

• Chyba nic. Śpiewać w łazience hehehe...

• W niedzielę chcemy grać w gry i mój tata na pewno będzie mówić o swojej książce. Chcesz grać z nami?

• Dziękuję za zaproszenie. Uwielbiam grać w gry! Widzimy się w niedzielę.

Palabras

Śpiewać w łazience	Cantar en el baño
Bić się na ringu	Pelear en el ringo
Chodzić po górach	Ir a la montaña
Chodzić na siłownię	Ir al gimnasio
Pływać w jeziorze/basenie	Nadar en el lago-piscina
Pływać kajakiem	Hacer kayak
Tańczyć na dyskotece	Bailar en la discoteca
Rysować	Dibujar
Malować	Pintar
Uprawiać ogród	Hacer jardín
Gotować	Cocinar
Piec ciasta	Hacer pastel
Majsterkować	Hacer arreglos
Prowadzić samochód	Conducir auto
Grać w gry	Jugar a las cartas
Jeździć na nartach	Esquiar
Pisać książki	Escribir libro
Biegać	Correr
Medytować	Meditar
Wędkować	Pescar

Ejercicios

1. Elija la descripción del dibujo correspondiente.

Dzwonię przez telefon czy biegam?   Pływam w jeziorze czy chodzę na siłownię?   Chodzę po górach czy gotuję naleśniki?

Pływam kajakiem czy uprawiam ogród?   Wędkuję czy gram w piłkę nożną?   Majsterkuję czy gram w koszykówkę?

2. Divide las siguientes palabras en sílabas.

koncert - ....

teatr - ....

piłka - ....

siatkówka - ....

koszykówka - ....

3. *POEMAS – Analiza la composición de las siguientes palabras y conéctalas con los siguientes poemas.*

Koszykówka	Grać piłką w powietrzu, z siatką.
Siatkówka	Popularny sport na boisku z sędzią. Ważna jest piłka, noga i bramka.
Koncert	Dwa kosze, jedna piłka, dwie drużyny, jeden sędzia. Co to za sport?
Piłka nożna	To miejsce, gdzie aktorzy grają. Aktorzy odgrywają tekst na scenie.
Teatr	Tam jest muzyka na żywo. Artysta śpiewa i gra na instrumentach. Fani oglądają scenę.

4. *Encuentra al intruso.*

Chodzić:

1. po górach
2. kuchnia
3. na siłownię

Pływać

    1. dyskoteka

    2. w jeziorze

    3. kajakiem

    4. żaglówką

Gotować

    1. w kuchni

    2. zupę

    3. ciasto

Malować

    1. obraz

    2. rysunek

    3. samolot

5. Responda a la pregunta: co lubisz robić?

    Śpiewać w łazience

    Bić się na ringu

    Chodzić po górach

    Chodzić na siłownię

    Pływać w jeziorze/basenie

    Pływać kajakiem

Tańczyć na dyskotece

Rysować

Malować

Uprawiać ogród

Gotować

Piec ciasta

Majsterkować

Prowadzić samochód

Grać w gry

Jeździć na nartach

Pisać książki

Biegać

Medytować

Wędkować

Lubię

_____

_____

_____

_____

Módulo 5

Este módulo nos introduce a un nivel más avanzado y de gran utilidad para los descendientes de polacos y futuros viajeros. Es por ello que en la primera clase nos concentramos en los términos necesarios para presentar a nuestra familia. Con esto en mente, vamos a englobar los conocimientos lingüísticos de módulos anteriores para poder describir a una persona de forma detallada, como, por ejemplo: edad, gustos, lugar de residencia, lazos familiares y profesión. Además, será la introducción a las estructuras gramaticales que reflejan el vínculo necesario entre un verbo y un caso en polaco.

Finalmente, entender y saber describir el clima es primordial para pasar unas buenas vacaciones en Polonia. Teniendo esto en mente, vamos a describir el panorama turístico de Polonia, sus lugares característicos y nombres de forma tal de facilitar una buena orientación al viajero.

Este módulo contiene audios para sus diálogos respectivos cuales puedes descargar de aquí: https://bit.ly/respuestas-polaco

Este módulo está también disponible en forma de curso online disponible a la página siguiente:
https://amamosidiomas.com/producto/curso-de-polaco-nivel-5-premium/

LEKCJA 19: Describo mi familia

Sopa de letras: conozca nuevo vocabulario.

Moja rodzina

M	B	S	I	O	S	T	R	A	K	C	F	G	B
O	M	Z	D	K	G	W	U	Q	Y	Ó	N	N	I
K	C	Q	Z	U	O	S	T	A	H	R	A	A	W
U	O	D	I	Z	F	K	T	Y	T	K	R	R	T
Z	K	J	A	Y	N	W	Y	R	A	A	Z	Z	Z
Y	H	X	D	N	O	R	Z	O	T	L	E	E	E
N	P	M	E	K	B	M	Y	D	A	Q	C	C	E
H	F	K	K	A	A	Ą	C	Z	E	M	Z	Z	M
K	H	W	C	W	B	Ż	Z	I	U	A	O	O	U
B	R	A	T	D	C	H	Y	C	D	M	N	N	X
Y	A	E	J	I	I	X	B	E	F	A	Y	A	M
S	H	K	Y	T	A	C	X	H	O	S	Y	N	Z
Ż	O	N	A	D	X	K	F	S	B	C	W	G	O
Z	R	Y	U	D	Z	I	E	C	K	O	K	I	S

Aprende nuevo vocabulario con Amamos Idiomas:

babcia brat
córka dziadek
dziecko kuzyn
kuzynka mama
mąż narzeczona
narzeczony rodzice
siostra syn
tata żona

Diálogo

- Dzień dobry Tomaszu, jaki jest twój brat?
- Dzień dobry, on jest energiczny i wysportowany.
- Jaki jest twój mąż?
- Mój mąż jest inteligentny, spontaniczny i sympatyczny.
- Co myślisz o Messi?
- On jest utalentowany, aktywny i miły. Jaki jest twój ulubiony aktor?
- Mój ulubiony aktor to Al Pacino. Jaki jest twój ulubiony piosenkarz/zespół?
- Mój ulubiony zespół to Queen.
- Dlaczego?
- Bo lubię ich piosenki. Piosenki są bardzo dobre, wesołe, emocjonalne. Dlaczego Al Pacino to twój ulubiony aktor?
- Bo uwielbiam film Ojciec Chrzestny. Film jest emocjonujący, agresywny, po prostu dobry.

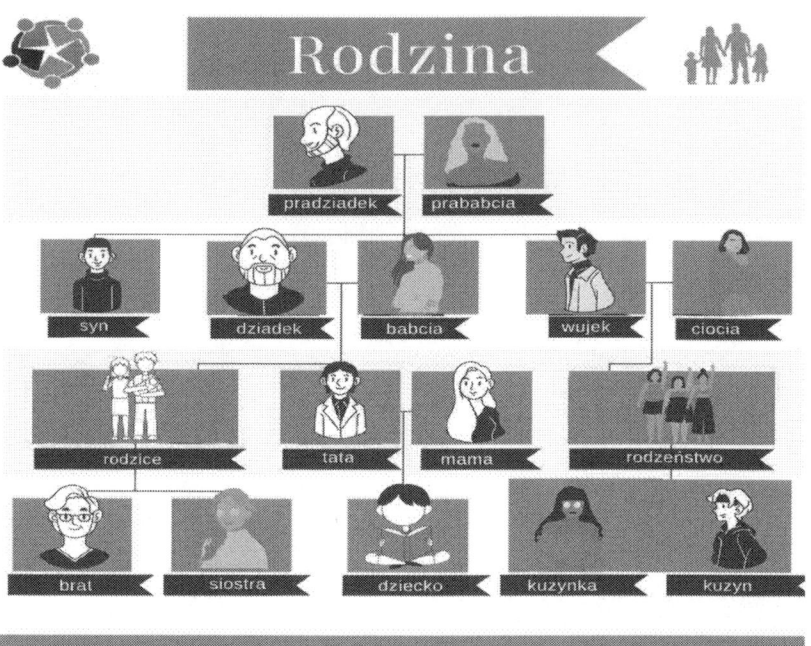

Palabras

babcia	abuela
brat	hermano
ciocia	tía
córka	hija
dziadek	abuelo
dziadkowie	abuelos
dziecko	niño, hijo, hija
kuzyn	primo
kuzynka	prima

mama	madre
mąż	esposo
narzeczona	comprometida
narzeczony	comprometido
prababcia	bisabuela
pradziadek	bisabuelo
rodzeństwo	hermanos
rodzice	padres
siostra	hermana
siostrzenica	sobrina
siostrzeniec	sobrino
synowa	hijastra
szwagier	cuñado
tata	padre
teść	suegro
teściowa	suegra
teściowie	suegros
wnuczek	nieto
wnuczka	nieta
wnuki	nietos
wujek	tío
żona	tía

Ejercicios

1. Encuentra el orden de la frase.

Twój - jaki - ulubiony – jest - aktor

_____

moim - myślisz – co - o - mężu

_____

są - bardzo – piosenki - dobre

_____

i - on – energiczny - jest – wysportowany

_____

2. Encuentra un intruso. Elige los adjetivos para describir una persona o un objeto de la lista.

Persona: dobra, wesoła, emocjonalna, emocjonująca, agresywna, utalentowana, aktywna

Objeto: dobry, wesoły, sympatyczny, śmieszny

LEKCJA 20: Casos y su uso

Sopa de letras: conozca nuevo vocabulario.

Przypadki w języku polskim

M	Ó	W	I	Ę	L	C	N	F	I	F
D	M	R	N	T	E	A	N	E	U	F
Q	P	H	Q	R	D	Q	I	F	A	T
U	J	W	N	W	G	C	Z	C	S	I
D	Z	I	Ę	K	I	X	U	W	D	I
J	S	E	B	R	A	K	U	J	E	X
I	N	T	E	R	E	S	U	J	Ę	O
F	B	N	X	B	R	A	K	U	J	E
R	F	F	Z	D	U	U	E	E	F	I
M	W	R	M	J	R	D	J	E	S	T
L	V	B	A	W	J	U	X	D	M	Q

brakuje   brakuje
dzięki   interesuję
jest   mówię

Diálogo

- Hej, co robisz!

- Robię ciasto dla mojej koleżanki.

- Jakie to ciasto?

- To jest ciasto czekoladowe. Ona lubi czekoladę i kokosa.

- Brakuje ci owocu. Mówię o dekoracji.

- Nie ma owocu, bo dzięki kokosie ciasto jest bardzo ładne.

- Mówię o numerze. Ile ma lat twoja koleżanka? Jaki jest jej wiek?

- Interesujesz się dekoracją, która mówi o jej wieku? Tak, ciasto jest wspaniałe, ale musi mieć dekorację.

Conozca los casos usados en este diálogo. Las imágenes abajo indican el contexto del caso (verbo con cual combina caso descrito) Te invito a un video que te va a explicar la introducción a los casos en idioma polaco:

https://amamosidiomas.com/casos-gramaticales-idioma-polaco/

Caso NOMINATIVO
Mianownik

QUIÉN? QUÉ?

KTO? CO?

To jest portmonetka.
To jest kot.
To jest sport.
To jest miasto.

Caso genitivo
Dopełniacz

QUIÉN? QUÉ?

KOGO? CZEGO?

Brakuje kota.
Brakuje portmonetki.
Brakuje sportu.
Brakuje miasta.

Caso dativo
Celownik

A QUIÉN? A QUÉ?
KOMU? CZEMU?

Dzięki portmonetce.
Dzięki kotu.
Dzięki mieście.
Dzięki sportu.

Caso acusativo
Biernik

QUIÉN? QUÉ?
KOGO? CO?

Lubię portmonetkę.
Lubię kota.
Lubię miasto.
Lubię sport.

Caso instrumental
Narzędnik

POR QUIÉN? CUÁL?
Z KIM? Z CZYM?

Interesuję się portmonetką.
Interesuję się miastem.
Interesuję się sportem.
Interesuję się kotem.

Caso locativo
Miejscownik

SOBRE, EN, DESPUÉS
O, W, NA, PRZY, PO KIM? O CZYM?

Mówię o portmonetce.
Mówię o kocie.
Mówię o sporcie.
Mówię o mieście.

Caso vocativo
Wołacz

O!

Portmonetko!
Kocie!
Mieście!
Sporcie!

Palabras

brakuje	falta
ciasto	pastel
czekolada	chocolate
czekoladę	chocolate (genitivo)
czekoladowe	de chocolate
dekoracje	decoraciones
dekoracji	decoraciones (dativo)

dzięki	gracias a
interesuję się	me intereso
kokosa	coco (genitivo)
koleżanki	amiga (genitivo)
ładne	bonito
mieć	tener
mojej	mi (genitivo)
mówię o	hablo sobre
numerze	número
owocu	fruta (genitivo, dativo)
robię	hago
robisz	haces
twojej	tu (genitivo, dativo, acusativo)
wieku	edad (genitivo, dativo, acusativo)
wspaniałe	maravilloso

Ejercicios

1. Conecta las palabras para terminar las frases.

Robię   numerze

Nie ma   ciasto

Dzięki	dekoracją
Lubi	owocu
Brakuje	czekoladę
Interesuję się	kokosie
Mówię o	owocu

2. ¿Qué nombre de caso corresponde al verbo en la frase?

NOMINATIVO

A) To jest kot.

B) Interesuję się

GENITIVO

A) Brakuje sportu.

B) Mówię o numerze.

DATIVO

A) Dzięki owocu.

B) To jest sport.

ACUSATIVO

A) Lubię czekoladę.

B) Mówię o kocie.

INSTRUMENTAL

A) Interesuję się sportem.

B) Lubię miasto.

LOCATIVO

A) Brakuje portmonetki.

B) Mówię o portmonetce.

3. *Cómo vas a conjugar correctamente la palabra indicada según el caso. En las imágenes tienes un estilo de conjugación según el género del nombre en polaco (femenino, masculino vivo, masculino no vivo y neutro).*

A) ACUSATIVO - czekolada...................

B) INSTRUMENTAL - kokos...................

C) DATIVO - kot...................

D) GENITIVO - ciasto...................

GÉNERO MASCULINO VIVO

NOMINATIVO   ø
GENITIVO   a
DATIVO   u
ACUSATIVO   GENITIVO
INSTRUMENTAL   em

LOCATIVO   ie
VOCATIVO   LOCATIVO

GÉNERO MASCULINO NO VIVO

NOMINATIVO   ø
GENITIVO
DATIVO   u
ACUSATIVO
INSTRUMENTAL   em

LOCATIVO   ie
VOCATIVO   LOCATIVO

GENERO NEUTRO

NOMINATIVO
GENITIVO
DATIVO
ACUSATIVO
INSTRUMENTAL
LOCATIVO
VOCATIVO

ø
a
u
NOMINATIVO
em
DATIVO
NOMINATIVO

GENERO FEMENINO

NOMINATIVO
GENITIVO
DATIVO
ACUSATIVO
INSTRUMENTAL
LOCATIVO
VOCATIVO

a
i
e
ę
ą
DATIVO
o

LEKCJA 21: ¿Cómo describir el clima?

Sopa de letras: conozca nuevo vocabulario.

Jaka jest dzisiaj pogoda?

S	W	I	A	T	R	U	G	T	W	Q	Z	B	K
B	T	K	W	I	E	T	R	Z	N	I	E	P	J
S	Ł	O	N	E	C	Z	N	I	E	Q	E	B	N
D	E	S	Z	C	Z	K	K	O	M	X	J	F	F
W	G	R	A	D	T	N	C	H	L	O	D	N	O
I	Q	D	D	V	P	A	D	A	Ł	F	W	B	A
A	V	E	A	M	T	O	Ś	N	I	E	G	R	I
Ł	P	S	L	M	G	Z	Q	O	B	F	G	J	L
G	K	Z	O	G	H	I	P	N	U	U	O	A	A
O	E	C	Q	Ł	C	M	S	S	R	Z	H	L	Z
R	Y	Z	T	A	F	N	T	T	Z	T	S	P	T
Ą	Y	O	U	G	V	O	T	F	A	I	T	Y	R
C	I	W	P	O	C	H	M	U	R	N	I	E	U
O	V	O	X	W	W	C	I	E	P	Ł	O	A	I

Aprende nuevo vocabulario con Amamos Idiomas:

burza	chłodno
ciepło	deszcz
deszczowo	gorąco
grad	mgła
padał	pochmurnie
słonecznie	wiatr
wiał	wietrznie
zimno	śnieg

Diálogo

- Jaka jest dzisiaj u ciebie pogoda?

- Dzisiaj jest bardzo słonecznie. Chociaż później będzie deszczowo.

- Skąd to wiesz? Niebo jest pochmurne?

- Nie, ale jest wietrznie. Na pewno będzie burza. Jest teraz dużo deszczu, czasami pada grad.

- Nie lubię deszczu i wiatru. Wolę jak jest ciepło. Chociaż podoba mi się mgła.

- Ja lubię jak w lato jest gorąco, bo można pływać w jeziorze. Lubię jak w zimę jest zimno, bo jeżdżę na nartach.

- Super, najważniejsze, żeby zawsze świeciło Słońce.

- Dokładnie!

Palabras

będzie	estará
burza	tormenta
chłodno	fresco
ciepło	caliente
deszczowo	lluvioso
gorąco	caluroso

mgła	niebla
na północy polski	en el norte de Polonia
na południu polski	en el sur de Polonia
na wschodzie polski	en el oeste de Polonia
na zachodzie polski	en el este de Polonia
padał deszcz	llovía
padał grad	granizó
padał śnieg	nevó
pochmurnie	nublado
słonecznie	asoleado
świecić słońce	brillar (sol)
świeciło słońce	brilló (sol)
wiał wiatr	había viento
wietrznie	ventoso
zimno	frío

Ejercicios

1. *¿Cuál de estas expresiones significan lo mismo?*

Jest słonecznie.   Pada deszcz.

Jest deszczowo.   Wieje wiatr.

Jest wietrznie.   Świeci Słońce.

2. *Elije la descripción adecuada a la temperatura.*

- Jest gorąco.

A) Wieje wiatr.

B) Świeci Słońce.

C) Jest mgła.

- Jest ciepło.

A) Pada śnieg.

B) Niebo jest pochmurne.

C) Pada deszcz.

- Jest chłodno.

A) Wieje wiatr.

B) Świeci Słońce.

C) Jest słonecznie.

- Jest zimno.

A) Pada śnieg.

B) Świeci Słońce.

C) Jest mgła.

LEKCJA 22: Viajo en Polonia

En esta clase vamos a conocer las ciudades principales en Polonia y los sitios que cada turista debería visitar para conocer Polonia. La historia de Polonia se refleja en la construcción de las ciudades principales y puntos de vistas característicos. Vale la pena conocer el vocabulario principal de los puntos de referencia que muchas veces se repiten nombrando sus partes respectivas en otras ciudades. Además, el vocabulario que describe los puntos de referencia en las ciudades polacos. Muchas veces no se pueden traducir palabra por palabra. Es recomendable conocer el referente de la palabra para entender cómo están construidas las ciudades polacas. Te invito al viaje a Polonia y te recomiendo ver un vídeo en YouTube donde explico el vocabulario básico: lo que absolutamente tienes que saber antes de ir al viaje o para saber rápidamente a qué se refiere la gente en el oficio de turismo.

https://amamosidiomas.com/cursos/idioma-polaco-modulo-5/leccion/curiosidades-de-ciudades-mas-importantes-en-polonia/

Sopa de letras: conozca nuevo vocabulario.

Podróżuję po Polsce

Z	F	N	P	O	D	R	Ó	Z	S	S	G
L	C	K	G	L	S	M	O	K	Ś	T	X
L	N	M	I	A	S	T	O	O	W	O	X
C	F	S	T	A	R	E	C	Z	I	C	G
M	N	I	E	J	S	Z	E	I	A	Z	Z
Z	W	I	E	D	Z	A	Ć	O	T	N	Y
T	U	R	Y	S	T	Ó	W	Ł	O	I	Z
O	G	K	R	W	R	L	W	K	W	A	A
B	W	I	Ę	K	S	Z	E	I	A	Z	M
K	P	I	E	R	N	I	K	I	Y	O	E
R	A	T	U	S	Z	W	O	J	N	A	K
V	U	J	B	U	R	S	Z	T	Y	N	Y

bursztyn   koziołki
miasto   mniejsze
pierniki   podróż
ratusz   smok
stare   stocznia
turystów   większe
wojna   zamek
zwiedzać   światowa

Diálogo

- Gdzie jedziesz na wakacje?
- Jadę do Polski.
- To wiem, ale do jakiego miasta?
- Będę zwiedzać Kraków, Warszawę, Toruń, Gdańsk i Wrocław.
- Kraków ma piękny zamek królewski. Nazywa się Wawel. Tam mieszka Smok Wawelski.
- Tak, Kraków ma też piękny rynek i Stare Miasto z restauracjami, barami i sklepami dla turystów.
- Tak, Stare Miasto w Krakowie jest piękne. Stare Miasto w Warszawie jest dużo mniejsze, ale też wspaniałe. Znasz Toruń?
- Tak. Toruń może pochwalić się dużym Starym Miastem i piernikami.
- Co to są pierniki?
- Pierniki to takie ciasto w kształcie serca. Jest bardzo dobre.
- Chciałabym pojechać z Tobą! Tak, podoba mi się ten pomysł! W Gdańsku chciałabym ci pokazać stocznię, bursztyny i muzeum II Wojny Swiatowej.
- Och, uwielbiam historię! A Wrocław, co można tam zwiedzić?
- Musisz zobaczyć Uniwersytet Wrocławski oraz ratusz. Na rynku znajduje się ratusz ze znanymi koziołkami.
- Polska jest piękna!

Palabras

będę	estaré
bursztyny	ámbar
jadę	voy (en un vehículo, no a pie)
jedziesz	vas
koziołki	machos cabríos
mniejsze	más pequeño
piękny	lindo
piernikami	pan de jengibre
pochwalić się	presumir
podoba mi się	me gusta
pojechać	ir
pokazać	mostrar
pomysł	idea
rynek	mercado
serca	corazones
stare	viejo
stocznię	astillero
wakacje	vacaciones
Wojna Światowa	Guerra Mundial

wspaniałe	extraordinario
z Tobą	contigo
zamek królewski	castillo royal
znane	conocido
znasz	conoces
zobaczyć	ver, mirar
zwiedzać	visitar

Ejercicios

1. ¿Qué pasó en el diálogo? Elige la respuesta correcta: verdadero (prawda) o falso (fałsz)?

- Stare Miasto w Krakowie jest dużo mniejsze niż w w Warszawie.

A) PRAWDA

B) FAŁSZ

- We Wrocławiu znajduje się Ratusz ze znanymi koziołkami.

A) PRAWDA

B) FAŁSZ

- W Gdańsku je się pierniki.

A) PRAWDA

B) FAŁSZ

- Zamek Królewski ze smokiem znajduje się w Krakowie.

A) PRAWDA

B) FAŁSZ

- Stare Miasto jest znane z restauracji, barów i sklepów dla turystów.

A) PRAWDA

B) FAŁSZ

- W Gdańsku znajduje się Muzeum II Wojny Światowej.

A) PRAWDA

B) FAŁSZ

2. ¿Cuál frase es correcta? - atención a la gramática.

- Gdzie idziesz na wakacje?
- Gdzie jedziesz na wakacje?

_____

- Kraków ma piękny zamek królewski.
- Kraków jest piękny zamek królewski.

_____

- Stare Miasto w Warszawie jest małe niż w Toruniu.
- Stare Miasto w Warszawie jest dużo mniejsze niż w Toruniu.

_____

- Chciałabym pojechać z Ci!
- Chciałabym pojechać z Tobą!

_____

- W Gdańsku chciałabym ci pokazać stocznia.
- W Gdańsku chciałabym ci pokazać stocznię.

Módulo 6

En este módulo expresaremos nuestras acciones cotidianas, esto será de gran ayuda para memorizar los verbos primordiales, los cuales serán de importancia para organizar nuestras actividades.

A continuación, iremos a una tienda de ropa en la cual haremos uso de conocimientos anteriores como colores, tamaños y ubicación. Gracias a las preposiciones de lugares, aprendidas en el ejercicio de la tienda de ropa, vamos a ubicarnos y ubicar muebles dentro de un departamento o casa. Esto es de gran utilidad a la hora de alquilar un departamento.

Los diálogos de este módulo serán primordiales para conocer Polonia.

Este módulo contiene audios para sus diálogos respectivos cuales puedes descargar de aquí: https://bit.ly/respuestas-polaco

Este módulo esta también disponible en forma de curso online a la página siguiente: https://amamosidiomas.com/producto/curso-de-polaco-nivel-6-premium/

Los videos explicativos, audios de palabras y expresiones con sus traducciones están disponibles para los alumnos. Además, los ejercicios virtuales ayudan para reforzar todos los conocimientos.

LEKCJA 23: Acciones cotidianas

Sopa de letras: conozca nuevo vocabulario.

Co robię codziennie?

S	Y	E	H	P	Z	N	A	J	O	M	Y	C	H
C	S	P	A	C	E	R	U	J	Ę	E	K	N	B
L	I	U	B	I	E	R	A	M	A	Ć	Ą	D	L
G	A	T	D	R	H	X	N	N	D	W	P	X	S
O	S	R	R	D	T	Q	T	Z	V	I	I	W	R
T	O	D	W	I	E	D	Z	A	M	C	Ę	E	N
U	N	O	O	H	X	C	P	M	C	Z		R	O
J	Ś	N	I	A	D	A	N	I	E	Ę	S	X	D
Ę	J	W	U	C	Z	Ę	I	F	V	M	I	I	B
C	C	P	P	P	J	E	M	K	D	Y	Ę	S	R
P	Z	S	P	A	Ć	K	R	G	V	J	M	Z	I
C	B	M	J	Y	G	F	P	I	D	Ę	W	Ę	S
W	P	R	A	C	Y	Y	L	Q	T	B	D	B	R
C	I	M	S	P	R	Z	Ą	T	A	M	L	Y	X

gotuję idę
jem kąpię się
myję odwiedzam
pracy spaceruję
spać sprzątam
ubieram uczę
znajomych zęby
ćwiczę śniadanie

Diálogo

- Co robisz rano?
- Rano jem śniadanie, później myję zęby. Bardzo lubię też spacerować i dopiero później idę do pracy.
- Czy gotujesz rano?
- Nie, mam wszystko gotowe. Nie muszę gotować.
- A kiedy się kąpiesz?
- Kąpię się wieczorem. Wracam z pracy, ćwiczę w siłowni, gotuję w domu, czasami odwiedzam znajomych lub robię zakupy. Bardzo lubię rozmawiać przez telefon w łóżku. W weekend sprzątam i uczę się w niedzielę. Wysyłam maile w ciągu tygodnia, więc w weekend nie otwieram komputera. W niedzielę dużo spaceruję.
- A ty co robisz normalnie rano?
- Zawsze kąpię się i prowadzę samochód. Jadę do pracy, w pracy jem śniadanie, po pracy ćwiczę lub spaceruję. Następnie zawsze odwiedzam znajomych, ubieram się elegancko i idę do restauracji lub do domu znajomych. Wieczorem rozmawiam ze znajomymi i z moją rodziną. Następnie kąpię się, myję zęby i idę spać. Czasami czytam książkę.

Palabras

ćwiczę	hago ejercicios
gotuję	cocino
idę do pracy	voy al trabajo
idę spać	voy a dormir
jem śniadanie	como desayuno
kąpię się	me baño
myję zęby	me lavo los dientes
odwiedzam znajomych	visito a los amigos
prowadzę samochód	conduzco auto
robię zakupy	hago compras
rozmawiam	hablo
spaceruję	camino
sprzątam	limpio
ubieram się	me visto
uczę się	estudio
wstaję rano	me levanto temprano
wysyłam maila	envío mail

Ejercicios

1. Encuentra las acciones que haces según la etapa del día. Encuentra un intruso.

Co robisz rano?

- idę do pracy
- jem śniadanie
- gotuję
- idę spać
- ćwiczę
- wstaję

Co robisz wieczorem?

- uczę się
- robię zakupy
- myję zęby
- prowadzę samochód
- ubieram się
- odwiedzam znajomych

2. Conecta el verbo con el nombre para formar expresiones correctas.

prowadzę   się

jem   zęby

odwiedzam   samochód

myję   wiadomości

kąpię   śniadanie

robię   znajomych

wysyłam   zakupy

LEKCJA 24: Comprando ropa

Sopa de letras: conozca nuevo vocabulario.

Ubrania

S	B	K	Ą	P	I	E	L	O	W	Y	S	X	Q
T	U	O	T	V	G	W	A	L	I	Z	K	A	L
R	T	A	K	I	P	A	S	E	K	X	R	C	I
Ó	Y	S	K	A	R	P	E	T	K	I	X	M	G
J	D	R	C	M	A	H	K	Z	C	L	B	C	K
T	D	L	Q	P	S	K	P	K	L	B	L	M	U
F	L	E	M	B	L	U	Z	A	W	C	U	Z	R
H	J	W	P	L	E	C	A	K	J	T	Z	H	T
B	C	Z	A	P	K	A	E	V	Z	C	K	Y	K
W	S	O	S	W	A	H	O	W	L	G	A	B	A
Z	L	S	P	O	D	N	I	E	P	W	V	L	U
Z	S	P	O	D	E	N	K	I	D	A	C	A	K
X	Y	U	U	H	X	O	V	S	Q	A	G	Y	I
A	F	Y	V	R	Ę	K	A	W	I	C	Z	K	I

Aprende nuevo vocabulario con Amamos Idiomas:

bluza	bluzka
buty	czapka
kurtka	kąpielowy
pasek	plecak
rękawiczki	skarpetki
spodenki	spodnie
strój	walizka

Diálogo

• Przepraszam, szukam butów sportowych?

• Buty znajdują się obok rękawiczek i czapek. Prosto aż do końca i na lewo.

• Dziękuję...

• Przepraszam, czy ma pani rozmiar 40 tych butów? Zaraz sprawdzę... Tak, proszę. Czy to jest dobry rozmiar?

• Tak, buty są wygodne. Czy może mi Pani zaproponować też skarpetki do tych butów? Oczywiście, najlepsze skarpetki są firmy "Góry".

• Dziękuję, gdzie one są?

• Skarpetki znajdują się między spodniami i strojami kąpielowymi. Tam, na lewo.

• Dziękuję, a paski?

• Paski są nad spodniami, na wprost bluz i bluzek, przy kurtkach.

• Dziękuję.

Palabras

walizka	maleta
strój kąpielowy	traje de baño
spodnie	pantalón
spodenki	pantaloneta
skarpetki	medias
rękawiczki	guantes
plecak	mochila
pasek	cinturón
bluza	blusa
bluzka	camiseta
buty	zapatos
czapka	gorra
kurtka	campera

Ejercicios

1. *¿Dónde se encuentran los elementos de ropa según la tabla? Corrige las frases de abajo para que sean verdaderas.*

| czapka | buty | skarpetki | spodnie |
| rękawiczki | strój kąpielowy | bluza | paski |

Bluza znajduje się nad skarpetkami.

....

Rękawiczki znajdują się między czapką i butami.

....

Strój kąpielowy znajduje się pod rękawiczkami.

....

Paski znajdują się pod bluzą.

....

Buty znajdują się na wprost spodni.

....

2. Llena la tabla con el modelo de la conjugación analizando los ejemplos.

La tabla ejemplo a seguir:

Obok rękawiczek, butów	Genitivo
Do rękawiczek, butów	Genitivo
Między rękawiczkami, butami	Instrumental
Pod rękawiczkami, butami	Instrumental
Przy rękawiczkach, butach	Locativo
Na wprost rękawiczek, butów	Genitivo

PLURAL:	GÉNERO NO MASCULINO	GÉNERO MASCULINO
Genitivo		
Instrumental		
Locativo		

3. *¿Cuál respuesta es correcta? Atención a la corrección gramatical.*

A) Czy może mi Pani zaproponować też skarpetki do tych butów?

B) Czy może mi Pani zaproponować też skarpetki do tych buty?

_____

A) Skarpetki znajdują się między spodniami i strojami kąpielowymi.

B) Skarpetki znajdują się między spodnie i stroje kąpielowe.

_____

A) Buty znajdują się obok rękawiczek i czapek.

B) Buty znajdują się obok rękawiczkami i czapkami.

_____

A) Paski są nad spodniami, na wprost bluzami i bluzkami, przy kurtkach.

B) Paski są nad spodniami, na wprost bluz i bluzek, przy kurtkach.

LEKCJA 25: Muebles en mi casa

Sopa de letras: conozca nuevo vocabulario.

Meble

E	I	M	E	K	U	C	H	N	I	A	Q	F	S
Q	S	L	J	F	R	P	R	Y	S	Z	N	I	C
P	U	U	G	N	P	V	J	J	P	X	B	P	J
Ł	M	S	G	Q	L	P	Z	H	G	M	D	P	K
A	S	T	Ó	Ł	O	K	N	F	L	W	P	I	A
Z	Z	R	O	G	D	R	C	I	G	O	H	E	N
I	C	O	K	Y	Ó	Z	D	X	T	U	G	K	A
E	D	W	Ł	E	W	E	P	R	A	L	K	A	P
N	P	W	Ó	H	K	S	O	E	U	T	O	R	A
K	O	R	Ż	W	A	Ł	B	A	L	K	O	N	S
A	K	K	K	C	A	O	U	U	P	Y	K	I	M
I	Ó	P	O	K	U	C	H	E	N	K	A	K	E
Y	J	D	O	Z	S	Z	A	F	A	X	N	Q	R
F	I	B	S	Z	A	F	K	A	E	B	P	R	O

Aprende nuevo vocabulario con Amamos Idiomas:

balkon   kanapa
krzesło   kuchenka
kuchnia   lodówka
lustro   piekarnik
pokój   pralka
prysznic   stół
szafa   szafka
łazienka   łóżko

Diálogo

- Ale tu bałagan! Czy już się przygotowałaś do wyjazdu?
- Nie, nie mam czasu. Chcesz mi pomóc?
- Dobrze, gdzie jest twój duży plecak?
- Plecak jest w szafie, na walizce.
- Okej, tutaj są dwa plecaki: jeden zielony, a drugi niebieski.
- Wolę wziąć zielony na weekend.
- Ok, które spodnie chcesz wziąć?
- Czarne spodnie i niebieskie spodenki. Leżą na pralce. Gdzie masz kurtkę?
- Kurtka jest na krześle obok lustra.
- Świetnie, tutaj leży czapka.
- Nie, nie chcę tej czapki. Poszukaj czarnej czapki na kanapie!
- Nic tutaj nie widzę. To może jest na łóżku? Ale to bałagan!
- Przepraszam, czapka musi być na kanapie albo na stole.
- Na którym stole? Za pralką?
- Nie, przed lodówką.
- Jak możesz żyć w takim bałaganie?

Palabras

szafa	guardarropa
łóżko	cama
krzesło	silla
biurko	escritorio
pralka	lavadora
lustro	espejo
kanapa	sofá
stół	mesa
lodówka	refrigerador
plecak	mochila
bałagan	desorden
wyjazd	salida, vacaciones

Ejercicios

1. Analiza las palabras con sus casos. ¿Qué terminaciones puedes proponer para los géneros en singular?

SINGULAR

FEMININO............................

NEUTRO...............................

MASCULINO........................

Locativo:

Instrumental:

EXEMPLOS:

LOCATIVO - w, na

w szafie
w lodówce

na walizce
na pralce
na stole
na krześle
na kanapie
na łóżku

INSTRUMENTAL - za, przed

za pralką   przed lodówką
za lustrem   przed stołem
za łóżkiem   przed kanapą
za walizką
za krzesłem

2. *Responda a las preguntas y elija un mueble correcto.*

   1. Gdzie jesz?

  A) stół

  B) krzesło

   2. Gdzie śpisz?

  A) lustro

  B) łóżko

   3. Gdzie oglądasz telewizję?

  A) szafa

  B) kanapa

   4. Gdzie znajduje się jedzenie?

  A) lodówka

  B) pralka

   5. Gdzie znajdują się ubrania?

  A) szafa

  B) lodówka

LEKCJA 26: Alquilo un departamento

Sopa de letras: conozca nuevo vocabulario.

Wynajmuję mieszkanie

A	O	X	H	O	D	D	Z	I	E	L	N	E	I
K	T	C	O	O	G	Ł	O	S	Z	E	N	I	E
T	P	E	R	F	Q	P	R	Z	E	L	E	W	Z
U	V	X	V	Z	Y	V	X	H	G	J	C	S	V
A	P	R	Z	E	S	Ł	A	Ć	T	K	F	Z	H
L	D	W	Y	S	O	K	O	Ś	C	I	G	U	B
N	D	V	O	W	Y	S	Y	Ł	A	M	Z	K	E
E	D	D	Y	S	P	O	Z	Y	C	J	A	A	C
M	A	I	Y	T	U	P	O	K	O	J	E	M	A
B	T	Y	E	A	W	P	P	A	L	A	C	Z	Y
S	A	T	G	C	T	Z	H	N	O	C	T	S	C
J	C	U	W	S	Z	Y	S	T	K	I	E	E	I
H	H	Q	E	X	X	R	S	A	L	O	N	P	C
L	X	O	N	Y	A	K	W	O	T	A	S	W	Z

aktualne — datach
dyspozycja — kwota
noc — oddzielne
ogłoszenie — palaczy
pokoje — przelew
przesłać — salon
szukam — wszystkie
wysokości — wysyłam

Diálogo

- Dzwonię w sprawie ogłoszenia o wynajmie mieszkania dla turystów. Czy to nadal aktualne?
- Tak, mieszkanie jest do dyspozycji dla turystów. W jakich datach interesuje Pana wynajem?
- Szukam czegoś na długi weekend – 4 dni od następnego czwartku do niedzieli.
- Dla ilu osób?
- Jest nas czwórka. Dwie pary.
- Świetnie. Mieszkanie jest duże, aż do 4 osób. Ma dwa pokoje, duży salon z kuchnią. Dla palaczy jest do dyspozycji balkon. W mieszkaniu znajduje się łazienka i oddzielne wc.
- Jaka jest cena za trzy noce dla czterech osób?
- Dwieście (200) złotych za noc dla całej grupy.
- Dobrze. Jak można zarezerwować?
- Proszę o przelew na moje konto w wysokości pięćdziesięciu (50) procent całej kwoty.
- Czy może mi Pani przesłać dane do przelewu wiadomością na WhatsAppie?
- Oczywiście. Jaki jest Pana numer?
- Mój numer to: 601 258 947
- Już Panu wysyłam wszystkie dane. Dziękuję.
- Dziękuję. Do widzenia.

Palabras

dzwonię	llamo
wysyłam	envío
szukam	busco
przesłać	enviar
w sprawie	en el asunto
dane	datos
ogłoszenia	anuncio
wynajem	alquiler
mieszkanie	departamento
turystów	turistas
dyspozycja	disposición
do dyspozycji	a disposición
pokoje	cuartos
salon	living
kuchnia	cocina
balkon	balcón
łazienka	baño
oddzielne wc	baño separado
noc - noce	noche

osoba osób	persona
pary	parejas
grupa	grupo
przelew	transferencia
procent	porciento
kwota	precio
wiadomość	mensaje
nadal	todavía
aktualne	actual
następny	siguiente
w jakich datach	en cuáles fechas
w wysokości	en el monto
czegoś	algo
weekend	fin de semana

Ejercicios

1. ¿Qué pasó en el diálogo? Elige la respuesta correcta: verdadero (prawda) o falso (fałsz)?

- Pan szuka mieszkania na długi weekend do wynajęcia.

A) Prawda

B) Fałsz

- Jedna noc dla grupy kosztuje dwieście złotych.

A) Prawda

B) Fałsz

- Palacze mogą palić na balkonie.

A) Prawda

B) Fałsz

- Należy zapłacić 50% kwoty gotówką.

A) Prawda

B) Fałsz

2. Conecta las palabras para tener expresiones correctas.

przelew	dane
wynajem	w sprawie ogłoszenia
przesłać/wysłać	na konto
jest	w wysokości
dzwonić	mieszkania
przelew	do dyspozycji

Módulo 7

En esta sección aprenderás como comunicarte en caso de tener algún problema de salud. Se presentarán diálogos en farmacias, en consultorios médicos y en clínicas en caso de necesitar un test de COVID-19. Conocerás todo el vocabulario esencial para poder explicar posibles síntomas de enfermedades y entender como consumir la medicación recetada. Por último, se explica cómo ir a un restaurante dentro de un contexto de pandemia y como solicitar un test para realizar tu viaje.

Este módulo contiene audios para sus diálogos respectivos cuales puedes descargar de aquí: https://bit.ly/respuestas-polaco

Este módulo esta también disponible en forma de curso online a la página siguiente: https://amamosidiomas.com/producto/curso-de-polaco-nivel-7-premium/

o como la suscripción mensual a todos los módulos presentados en este libro: https://amamosidiomas.com/membresia/

Los videos explicativos, audios de palabras y expresiones con sus traducciones están disponibles para los alumnos. Además, los ejercicios virtuales ayudan para reforzar todos los conocimientos.

Lekcja 27: En la farmacia

Sopa de letras: conozca nuevo vocabulario.

W aptece

G	P	P	L	P	O	P	I	J	A	Ć	B	O	I
P	P	S	Y	R	O	P	T	Ż	Z	E	R	P	K
O	M	Y	T	Q	B	P	A	O	L	B	Z	Q	T
D	H	B	B	T	W	E	B	Ł	W	A	U	U	P
E	L	Ó	I	U	Z	Y	L	Ą	R	P	C	B	L
J	E	L	E	C	R	Q	E	D	B	B	H	R	D
R	K	E	G	G	E	L	T	E	L	L	D	A	D
Z	A	L	U	X	Y	E	K	K	Y	M	K	Ć	R
A	R	J	N	A	W	K	I	K	X	T	H	P	Q
N	S	N	K	D	B	I	P	O	L	E	C	I	Ć
E	T	Z	A	P	R	O	P	O	N	O	W	A	Ć
F	W	P	L	A	S	T	R	Y	Y	V	W	A	I
D	O	D	P	P	O	S	I	Ł	E	K	Q	F	P
P	O	D	E	J	R	Z	A	N	Y	J	H	A	E

biegunka   brać
brzuch   bóle
lekarstwo   leki
plastry   podejrzane
podejrzany polecić
popijać   posiłek
syrop   tabletki
zaproponować żołądek

Diálogo

- ... Numer 46!
- Dzień dobry, czy mógłby mi Pan doradzić? Bardzo boli mnie głowa, chyba mam migrenę.
- Czy woli Pani syrop czy tabletki?
- Wolę tabletki.
- W takim razie mogę Pani polecić Ibuprofen. Proszę brać jedną tabletkę co 4 godziny, najlepiej po posiłku.
- Czy ma Pan też plastry?
- Duże czy małe?
- Małe.
- Tak, mam plastry dla dzieci i dla dorosłych. Ile sztuk?
- Poproszę 10 sztuk plastrów dla dorosłych.
- Wspaniale, poproszę też wodę utlenioną.
- Proszę, woda utleniona, plastry i tabletki na migrenę.
- Dziękuję bardzo. Czasami też boli mnie brzuch.
- Czy zjadła coś Pani podejrzanego wczoraj?
- Byłam w restauracji, ale czułam się dobrze.
- Czy ma Pani biegunkę?
- Nie, tylko boli mnie żołądek.
- Świetnie, w takim razie mogę Pani zaproponować leki zielarskie na bóle żołądka.
- Dziękuję.
- Proszę brać jedną tabletkę rano i wieczorem i popijać wodą.
- Dziękuję bardzo. Ile się należy?
- 80 zł.
- Proszę.
- Dziękuję, do widzenia.
- Do widzenia.

Palabras

biegunka	diarrea
bóle żołądka	dolores de estómago
boli	me duele
brzuch	barriga
czułam się	me siento
głowa	cabeza
leki zielarskie	medicamentos homeopáticos
migrena	migraña
plastry	curitas
podejrzany	sospechoso
popijać wodą	beber agua
poradzić	aconsejar
posiłek	plato
syrop	jarabe
tabletki	pastillas
żołądek	estómago

EJERCICIOS

1. ¿Qué pasó en el diálogo? Elige la respuesta correcta: verdadero (prawda) o falso (fałsz)?

Panią boli głowa i brzuch.   Prawda   Fałsz

Pani kupuje 10 sztuk małych plastrów dla dzieci.   Prawda   Fałsz

Pani nie lubi syropu.   Prawda   Fałsz

Pani ma biegunkę.   Prawda   Fałsz

2. Conecta las palabras para tener expresiones correctas.

                  biegunkę

Boli mnie

                  migrenę

                  głowa

Mam

                  żołądek, brzuch

3. Encuentra el orden de la frase.

A) czy / mi / doradzić / mógłby / Pan

....

B) mnie / brzuch / Czasami / też / boli

....

C) godziny / jedną / brać / / tabletkę / cztery / co / Proszę /

....

D) mogę / bóle / zaproponować / leki / żołądka / Pani / na /

....

Lekcja 28: Con el doctor

Sopa de letras: conozca nuevo vocabulario.

U lekarza

B	U	Z	I	A	C	J	M	I	Ę	Ś	N	I	E
P	K	G	T	S	Z	E	R	O	K	O	D	K	X
R	R	Q	V	P	W	H	P	C	Z	P	F	D	K
Z	J	D	O	K	R	C	P	A	Z	I	K	O	O
E	P	Z	T	J	I	P	O	R	W	E	L	L	D
Z	I	A	W	R	Y	O	C	P	O	C	S	E	D
I	B	G	O	P	G	I	I	R	L	Z	U	G	Y
Ę	O	M	R	A	A	Ś	Ć	Z	N	E	S	L	C
B	L	E	Z	W	R	L		E	I	N	Z	I	H
I	I	Q	Y	I	D	I	S	Ł	E	G	Y	W	A
E	V	Q	Ć	F	Ł	N	I	Y	N	V	D	O	Ć
N	A	Y	F	L	O	A	Ę	K	I	I	S	Ś	K
I	S	P	A	Ć	V	K	H	A	E	K	Y	C	X
E	O	R	J	D	N	Z	X	Ć	X	P	U	I	X

boli
dolegliwości
mięśnie
otworzyć
pocić się
przełykać
suszy
zwolnienie

buzia
gardło
oddychać
piecze
przeziębienie
spać
szeroko
ślina

Diálogo

- Dzień dobry.
- Dzień dobry.
- Słucham Panią. Jakie ma Pani dolegliwości?
- Boli mnie gardło, chyba mam anginę.
- Proszę otworzyć buzię szeroko.
- Aaaaa....
- Tak, to początek anginy. Czy ma Pani gorączkę?
- Nie, nie mam gorączki.
- Czy poci się Pani w nocy?
- Tak, trochę się pocę w nocy.
- Czy może Pani spać?
- Nie, bo strasznie mnie suszy i piecze w gardle. Nie mogę przełykać śliny, mam też katar.
- Tak, to typowe przeziębienie i początek anginy.
- Czy bolą Panią mięśnie?
- Nie, ale czuję się słabo. Nie mam tyle siły co zawsze. Czy może Pani oddychać bez problemu?
- Tak, to nie jest Covid 19.
- Przepiszę Pani receptę. Proszę połykać jedną łyżeczkę syropu co 3 godziny i ssać lekarstwo 3 razy w ciągu dnia.
- Czy mógłby mi Pan dać zwolnienie lekarskie?
- Tak, mogę Pani dać zwolnienie na 48 godzin.
- Dziękuję bardzo.

Palabras

angina	angina
buzia	boca
dolegliwości	dolores
gardło	garganta
gorączka	fiebre
katar	resfriado
łyżeczka	cuchilla
mięśnie	músculos
oddychać	respirar
piec	picar
pocić się	sudar
początek	comienzo
połykać	tragar
przełykać	tragar
przeziębienie	resfrío
recepta	receta
siła	fuerza
słabo	débil
ślina	saliva

spać — dormir

ssać — chupar

suszyć — secar

szeroko — amplio

zwolnienie lekarskie — permiso de trabajo

EJERCICIOS

1. Conecta las palabras con las imágenes.

mięśnie

gardło

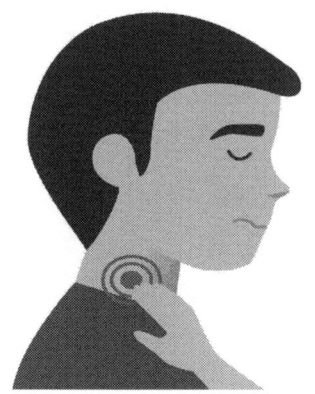 ślina

 buzia

2. De las frases de abajo, ¿cuáles son las que utilizan usualmente un doctor o un paciente?

jakie ma Pani dolegliwości - czuję się słabo – proszę ssać lekarstwo – mogę oddychać bez problemu – proszę otworzyć buzię szeroko - bardzo mnie piecze gardło

Doktor:	Pacjent:

3. ¿Qué palabra eliges para decir una frase correcta?

- Boli mnie

a) Gardło

b) Gorączkę

c) Suszy

- Mam

a) Anginę

b) Pocę się

c) Mięśnie

- Piecze mnie i suszy

a) Oddychać

b) Gorączkę

c) Gardło

- Nie przełykam

a) Katar

b) Słabo

c) Śliny

- Oddycham

a) Bez problemu

b) Słabo

c) Siły

Lekcja 29: En el restaurante

Sopa de letras: conozca nuevo vocabulario.

W restauracji

E	V	O	G	Z	A	M	Ó	W	I	E	N	I	E
I	N	J	Y	S	T	B	H	G	P	L	L	Z	V
W	D	M	Z	F	Y	H	X	Ł	O	W	K	Z	X
Y	Z	K	U	L	B	D	M	Ó	L	G	L	A	N
P	I	A	P	P	U	B	K	W	E	R	I	R	F
E	E	C	A	K	S	D	O	N	C	Z	R	E	H
Ł	C	Z	M	U	T	A	T	E	I	Y	P	Z	A
N	I	K	D	R	O	N	L	X	Ć	B	O	E	G
I	N	A	D	C	L	Y	E	I	P	Y	M	R	T
E	E	D	A	Z	I	C	T	K	N	R	I	W	V
N	O	V	N	A	K	H	Y	Y	R	C	D	O	D
I	Q	J	I	K	J	R	O	S	Ó	Ł	O	W	O
E	X	D	E	U	Z	V	Z	E	A	T	R	A	M
O	R	K	K	D	D	K	W	T	S	I	W	Ć	A

danie — danych
dzieci — grzyby
główne — kaczka
kotlety — kurczak
polecić — pomidor
rosół — stolik
wypełnienie — zamówienie
zarezerwować — zupa

Diálogo

• Dzień dobry, czy mają Państwo rezerwację?
• Tak, zarezerwowałam stolik dla czterech osób na godzinę dwudziestą.
• Już sprawdzam. Proszę, tutaj jest żel w alkoholu. Proszę za mną. Oto menu dla Państwa. Poproszę też o wypełnienia danych w związku z protokołem Covid 19.
• ... Czy mogę już odebrać zamówienie?
• Tak, poproszę zupę pomidorową bez koperku.
• A dla Pana?
• Poproszę rosół z kury. Dla dzieci to samo.
• Wspaniale. Czy wybrali już Państwo główne danie?
• Co może nam Pani polecić?
• Specjalnością naszej restauracji jest kaczka w sosie grzybowym.
• Nie lubię grzybów. Czy jest możliwość zastąpienia sosu na inny?
• Nie, niestety kaczka jest przyrządzana tylko w tym sosie. Mogę Państwu polecić również gołąbki, kurczak grillowany lub kotlety schabowe z pyzami.
• Och, bardzo lubię gołąbki w sosie pomidorowym.
• Czy woli je Pani z ryżem czy z ziemniakami?
• Z ryżem poproszę.
• A dla Pana?
• Ja poproszę kotlety schabowe z pyzami i sałatką dla dzieci. Czy istnieje menu dla dzieci?

- Przepraszam, zapomniałam. Dla dzieci mamy menu: kurczak grillowany z frytkami, a na deser lody.
- Wspaniale, weźmiemy te 2 menu dla dzieci.
- Czego się Państwo napiją?
- Poproszę wino czerwone i dwie coca-cole.

...

- Czy wszystko jest w porządku?
- Tak, dziękuję. Bardzo smaczne.

...

- Przepraszam, a jakie mają Państwo desery?
- Lody, sernik, ciasto czekoladowe, szarlotka i bezy. Dzieci mają w swoim menu lody. Możecie wybrać dwa smaki.
- Ja chcę lody czekoladowe i waniliowe.
- A ja truskawkowe i cytrynowe.
- Ja poproszę szarlotkę.
- A ja podziękuję tym razem, obędę się bez deseru.

Palabras

bezy	merengues
główne	principal
gołąbki	niños revueltos
grzyby	hongos
kaczka	pato
koperek	eneldo

kotlety schabowe	milanesas
kurczak	pollo
lody	helados
obędę się	estar sin
odebrać	tomar
pyzy	gnocchi grande
rezerwacja	reservación
rosół z kury	caldo
ryż	arroz
sałatka	ensalada
sernik	cheesecake
smaczne	sabroso
smak	sabor
sos grzybowy	salsa de hongos
stolik	mesa
szarlotka	pastel de manzana
truskawka	fresa
w związku z	en relación con
wanilia	vanilia
wino czerwone	vino tinto
wypełnienie	acción de llenar
zamówienie	pedido
zastąpić	reemplazar

żel w alkoholu	gel en alcohol
ziemniaki	papas
zupa pomidorowa	sopa de tomates
dane	datos
deser	postre
frytki	papas fritas

EJERCICIOS

1. *¿Qué pasó en el diálogo? Elige la respuesta correcta: verdadero (prawda) o falso (fałsz)?*

   1. Menu dla dzieci to kurczak grillowany z frytkami i lodami na deser.
   PRAWDA / FAŁSZ
   2. Specjalnością restauracji jest kaczka w sosie pomidorowym.
   PRAWDA / FAŁSZ
   3. Pan je kotlety schabowe z pyzami.
   PRAWDA / FAŁSZ
   4. Pani je gołąbki w sosie grzybowym.
   PRAWDA / FAŁSZ
   5. Dzieci wybierają lody czekoladowe, waniliowe, truskawkowe i cytrynowe.
   PRAWDA / FAŁSZ

6. Dorośli wybierają dwie szarlotki na deser.

   PRAWDA / FAŁSZ

7. Dorośli piją wino.

   PRAWDA / FAŁSZ

2. Encuentra la opción incorrecta. ¿Cómo no terminas la frase?

Piję:

a. wino

b. gołąbki

c. wodę

Moje danie główne to:

a. szarlotka

b. gołąbki

c. kotlety

Moja zupa jest:

a. grzybowa

b. pomidorowa

c. waniliowa

Mój ulubiony deser to:

a. lody

b. ryż

c. ciasto

Lekcja 30: Solicitando un test de COVID-19 antes del viaje

Sopa de letras: conozca nuevo vocabulario.

Koronawirus

G	H	Y	K	J	J	O	W	G	R	D	X	W	T
S	P	N	A	J	D	D	P	O	P	L	B	Y	E
P	K	Y	S	Z	G	D	S	R	F	O	E	N	C
R	Z	D	Z	A	M	Y	P	Ą	A	D	Z	I	R
A	M	E	E	K	A	C	O	C	D	D	P	K	Ę
W	Ę	Z	L	A	S	H	K	Z	Y	Y	I	K	C
D	C	Y	J	Ż	E	A	O	K	S	C	E	S	Ę
Z	Z	N	X	E	C	N	J	A	T	H	C	K	X
I	E	F	Y	N	Z	I	N	L	A	A	Z	S	F
Ć	N	E	P	I	K	E	I	T	N	Ć	N	S	D
S	I	K	G	E	A	J	E	M	S	P	A	I	H
P	E	C	Z	X	O	D	L	E	G	Ł	O	Ś	Ć
U	E	J	A	Z	A	C	H	O	W	A	Ć	Y	F
U	K	A	R	X	A	M	W	I	O	Z	Z	E	G

bezpieczna   dezynfekcja
dystans   gorączka
kaszel   maseczka
oddychanie   oddychać
odległość   ręce
spokojnie   sprawdzić
wynik   zachować
zakażenie   zmęczenie

Diálogo

• Dzień dobry!

• Dzień dobry.

• Proszę o dezynfekcję obuwia. Tutaj znajduje się alkohol do rąk. Proszę udać się teraz do recepcji.

• Dzień dobry. Potrzebuję zrobić test na COVID dziewiętnaście 72 godziny przed podróżą. Chciałabym sprawdzić czy jestem zakażona.

• Dzień dobry. Czy ma Pani objawy: kaszel, gorączka, problemy z oddychaniem, zmęczenie?

• Nie, czuję się dobrze.

• Czy miała Pani kontakt z osobą zakażoną w ciągu ostatnich 2 tygodni?

• Nie, z tego co wiem to nie.

• Proszę wypełnić ankietę...

• Ile się czeka na wyniki testu na koronawirusa?

• Jest natychmiastowe.

• Proszę poczekać. Zaraz Panią zawołają po nazwisku.

....

• Proszę wejść. Proszę zachować dystans między innymi pacjentami. Test potrwa dosłownie parę sekund. Proszę się nie ruszać i oddychać spokojnie.

......

• Jest Pani zdrowa. Na recepcji otrzyma Pani oficjalny certyfikat o wyniku testu na koronawirusa.

- Proszę zawsze pamiętać o umyciu rąk przed i po posiłku. Proszę o nałożenie maseczki w obecności innych osób. Chociaż najważniejsze jest zachowanie bezpiecznej odległości, minimum 2 metry odległości.
- Oczywiście. Dziękuję bardzo.

Palabras

zmęczenie	cansancio
zrobić	hacer
zdrowa	de buena salud
zawołać	llamar
zakażona	contagiada
zachować	comportarse
wypełnić	llenar
wyniki	resultados
udać się	dirigirse
umycie rąk	lavado de manos
wejść	entrar
w ciągu	durante
sprawdzić	averiguar
spokojnie	tranquilo
test	test

ruszać	mover
potrwać	durar
problemy z oddychaniem	problemas con respiración
przed	antes
rąk	mano
podróż	viaje
po	antes
pacjent	paciente
ostatnie	último
obecność	presencia
objawy	síntomas
obuwie	zapatos
oficjalny	oficial
natychmiast	inmediatamente
nałożenie	colocación
najważniejsze	el más importante
między	entre
maseczka	tapa boca
kaszel	tos
gorączka	fiebre
dystans	distanciamiento

dosłownie	literalmente
dezynfekcja	desinfección
czekać	esperar
bezpieczny	seguro

EJERCICIOS

1. *¿Qué respuesta eliges para decir una frase correcta?*

Co potrzebujesz do rąk?

a. Osób

b. Posiłku

c. Alkoholu

Co nosisz na buzi?

a. Zachowanie

b. Maseczkę

c. Zakażenie

Jakie możesz mieć objawy?

a. Kaszel

b. Zmęczenie

c. Obuwie

Co jest najważniejsze?

a. Kontakt z osobą zakażoną

b. Zachowanie bezpiecznej odległości

c. Wypełnić ankietę

2. Conecta las palabras para tener expresiones correctas.

nałożenie	odległości
zachowanie	testu
dezynfekcja	maseczki
wynik	obuwia
myć	oddychaniem
problemy z	ręce wodą i mydłem

¿Cómo aprender idioma polaco?

Amamos Idiomas está procurando los cursos, libros y webinars a todos los hispanohablantes que aprenden idioma polaco desde cero.

10 niveles de Cursos Autodidactas online 24/7:

https://amamosidiomas.com/idioma-polaco/

Suscripción mensual a todos los cursos y webinars:

https://amamosidiomas.com/membresia/

Libro para memorizar vocabulario polaco:

Juegos didácticos para aprender vocabulario polaco

https://bit.ly/pasatiempos-polaco

Ebook para Latinos:

https://amamosidiomas.com/producto/ebook-nacionalidades-latinas-segun-los-casos/

Redes sociales de @amamosidiomas:

Youtube: "amamosidiomas" | Instagram: @amamosidiomas

Inscripción a recursos gratuitos:

Mail:
https://bit.ly/mail-polaco

WhatsApp:
https://bit.ly/lista-wa

Acerca del autor

Ewelina Mierzejewska

Magister en Français Langue Etrangère (FLE) de Université de Nantes, nativa de Polonia, creadora de Amamos Idiomas (empresa dedicada a dictar cursos presenciales y online de enseñanza idiomas), ex profesora de la Universidad Técnica de Ambato (Ecuador), ex profesora de francés en Alianza Francesa con sede en Portoviejo, ex profesora de idioma polaco para estudiantes de intercambio ERASMUS en Universidad de Nantes.

En la actualidad, Amamos Idiomas posee un canal de Youtube con más de 100 vídeos y 15 cursos online de idioma polaco y francés cuyo objetivo es suministrar herramientas lingüísticas para iniciarse en el aprendizaje de estos idiomas.

En todos los proyectos su enfoque ha sido siempre la enseñanza de idiomas desde el punto de vista lúdico para aprender a desarrollar herramientas de aprendizaje rápido de idiomas extranjeros.

Made in United States
Orlando, FL
03 May 2025

61002123R00109